CRESCER EM COMUNHÃO

CATEQUESE DE PERSEVERANÇA COM ADOLESCENTES

Livro do catequista

Francine Porfirio Ortiz

Maria do Carmo Ezequiel Rollemberg

CB033080

EDITORA
VOZES

Petrópolis

© 2016, Editora Vozes Ltda.
Rua Frei Luís, 100
25689-900 Petrópolis, RJ
www.vozes.com.br
Brasil

1ª edição, 2016.

8ª reimpressão, 2024.

Revisão: Ana Carolina Rollemberg
Ilustração: Daniel de Souza Gomes
Projeto gráfico, editoração e capa: Ana Maria Oleniki

ISBN 978-85-326-5195-2

Este livro foi composto e impresso pela Editora Vozes Ltda.

Sumário

Apresentação

Queridos catequizandos adolescentes,

Prezados pais e familiares,

Estimados catequistas,

C hegou a hora de retornarmos ao caminho. Podemos dizer que foi um longo percurso, marcado por muitas reuniões de estudos, de reflexões e de orações. Foi justamente este o ritmo daqueles que se empenharam em preparar estes livros de catequese que fazem parte da Coleção Crescer em Comunhão. São páginas portadoras de preciosos conteúdos, expostos com cuidados didáticos e com muita sensibilidade pedagógica.

Podemos dizer que esse trabalho foi feito com muita dedicação e com os olhos fixos em vocês, queridos catequizandos adolescentes, e em tudo que lhes diz respeito: sua idade, seus interesses, suas necessidades. Também vocês, catequistas, que assumem a tarefa de animar os grupos de adolescentes, suas experiências e o anseio de fazer ecoar e ressoar a Palavra de Deus foram sempre lembrados.

A vocês, prezados pais e familiares, recordo-lhes que, em catequese, nada é tão decisivo quanto seu interesse e participação. Seu testemunho de fé e seu entusiasmo pela formação catequética de seus filhos farão com que eles percebam a grandeza do que lhes é oferecido e ensinado.

Agora, pronta a obra, é chegada a hora de entregá-la aos interlocutores. É um bom instrumento, de muita utilidade. Mas a experiência de fé vem de outra fonte, do encontro com Jesus Cristo. Por Ele vale a pena oferecer o melhor para, juntos, crescermos em comunhão.

D. José Antônio Peruzzo

Arcebispo da Arquidiocese de Curitiba

Responsável pela Animação Bíblico-Catequética no Regional Sul 2 - CNBB

Aos catequistas

dos grupos de catequese de perseverança com adolescentes

A Coleção Crescer em Comunhão, neste volume, apresenta uma proposta renovadora e envolvente de catequese com adolescentes, os quais, nesta fase de suas vidas, estão em busca de consolidar a sua fé. Por isso o título – *catequese de perseverança*. São propostos **quinze temas**, escolhidos tendo em vista questionamentos e desafios mais frequentemente encontrados no dia a dia dos adolescentes, visando ajudá-los a fortalecer a sua experiência com Jesus Cristo. Há, também, indicação de **sete textos bíblicos para as celebrações**, para levar os adolescentes a fazer a experiência sempre renovada do diálogo e da intimidade com o Senhor, e crescer na fé.

O que propomos para o desenvolvimento dos temas:

1 Cada tema poderá ser desenvolvido em dois ou três encontros, segundo a realidade de cada grupo, sem atropelos, de modo a auxiliar os catequizandos na construção da sua identidade cristã, porque não há uma estrutura rígida na ordem dos momentos que o compõem.

2 Para sustentar e dinamizar o desenvolvimento de cada tema, **um texto bíblico** ilumina a vida dos catequizandos com a Palavra de Deus, fazendo-a viva em suas realidades.

3 Celebrar faz parte da fé! – contempla a apresentação de sete sugestões de textos bíblicos e temas para as celebrações, para que possam ser preparadas de acordo com as necessidades de cada grupo e realizadas de diferentes modos. No entanto, estas sugestões não estão desenvolvidas e não obedecem a uma ordem.

4 Antes da apresentação de cada tema há **uma imagem e um pequeno texto** extraído do encontro. Explorar essa imagem é importante para destacar algum aspecto, motivar e sensibilizar os catequizandos sobre o que será abordado.

5 Visando promover uma maior interação entre os adolescentes apresentam-se **propostas de dinâmicas e de atividades** a serem realizadas durante o encontro propriamente e, também, para além dele. Cabe a vocês, catequistas, promover diálogos e partilhas e criar condições para que cada catequizando sinta-se à vontade para se expressar e se fazer ouvir, amadurecendo suas ideias e desenvolvendo o respeito pela diversidade de pensamentos.

As condições de seu grupo, como a maturidade, o tempo e os recursos didáticos de que dispõe, é que determinarão até onde vocês poderão ir na organização do seu programa de catequese de perseverança. O bom senso deverá ser seu guia.

No livro do catequista os encontros são explicados passo a passo. Com isso, procurou-se garantir mais informações e sugestões, enfatizando o envolvimento dos catequizandos no desenvolvimento dos encontros e das reflexões sobre cada tema e favorecendo uma participação ativa. Para isso, **são apresentadas dinâmicas, sugestões de vídeos e músicas, atividades para realizar em grupo, dicas para ampliar os temas e, também, pequenos textos para aprofundar a discussão sobre os assuntos abordados**. Um passo que merece a atenção especial dos catequistas é a acolhida e a apresentação do tema de cada encontro, pois esse processo contribui para a melhor compreensão e envolvimento dos adolescentes.

Queridos catequistas, cada um de vocês, confiando na graça do Espírito Santo que sempre nos antecede e com seu jeito próprio de ser catequista, poderá tornar este livro um instrumento valioso para ajudar os adolescentes que lhes forem confiados a perseverarem no caminho de Jesus.

Que Maria, nossa mãe, nos ajude nessa missão de levar nossos catequizandos a seu Filho Jesus!

Um abraço carinhoso,

as autoras.

Vivenciando um encontro

Você, catequista, é convidado agora a colocar-se como catequizando para vivenciar os momentos propostos no desenvolvimento de cada tema, preparando-se para realizar os encontros com os catequizandos. Sozinho ou com o grupo de catequistas, você é chamado a fazer a experiência do encontro, desde a sua preparação pessoal até a conclusão do tema. Para isso, o tema "Cativar é criar laços" foi desenvolvido segundo a dinâmica dos encontros propostos para o grupo dos adolescentes. Nele **são apresentadas dicas valiosas** para que cada momento possa ser conduzido de modo a ajudar seus catequizandos a aproximarem-se de Jesus, nosso Mestre, e crescer sendo perseverantes na fé.

Cativar
é criar laços

| **Objetivo** → | Compreender a dinâmica do encontro nos grupos de catequese de perseverança com adolescentes a partir da experiência pessoal. |

Prepare-se para esse encontro fazendo a leitura orante do texto do Evangelho – Jo 1,35-51.

a) **Leia** o texto indicado, a meia voz, procurando entender os encontros de Jesus, as pessoas envolvidas, o ambiente no qual os encontros acontecem.

b) **Leia** novamente o texto em silêncio; **imagine** que Jesus fala com você e **mergulhe** no texto colocando-se no lugar de cada um dos discípulos.

c) **Permaneça** diante do Senhor em oração, agradecendo por ter sido chamado para ser catequista e pela experiência pessoal que Ele lhe proporciona. **Lembre-se** de que o Senhor lhe deu tudo o que você é e tem, e **deixe-se** contemplar a misericórdia, a bondade e a sabedoria de Deus. O Senhor quer agir em você; **permaneça** aberto ao que Ele desejar realizar em você.

> Todo encontro de catequese deve trazer momentos de reflexão, de oração pessoal e em grupo. Mesmo sem estar claramente mencionado, procure fazer breves momentos orantes ao iniciar os encontros e ao finalizá-los e, se possível, ao concluir alguns encontros, faça a bênção dos catequizandos.

O livro *O Pequeno Príncipe* conta a história de um principezinho de um asteroide distante que conhece um piloto cujo avião ficou atolado na areia em um deserto na Terra. O pequeno príncipe conta ao piloto episódios de suas viagens, com grandes lições de vida. Em um desses episódios, o principezinho torna-se amigo de uma raposa.

Em cada encontro o tema central é apresentado de maneira diferente. É importante cuidar para que a proposta seja bem compreendida pelos adolescentes. É importante, também, recordar, quando necessário, ao longo do encontro, ideias, palavras ou situações mencionadas na apresentação do tema. Há, também, uma figura de abertura para cada tema, que deve ser explorada para auxiliar a compreensão da mensagem central do encontro.

Leia o texto extraído do livro *O Pequeno Príncipe*, atento ao diálogo entre o príncipe e a raposa. Esse texto fala sobre as relações entre as pessoas.

> – Que quer dizer 'cativar'?
>
> – Tu não és daqui, disse a raposa. Que procuras?
>
> – Procuro os homens, disse o principezinho. Que quer dizer 'cativar'?
>
> [...]
>
> – É uma coisa muito esquecida, disse a raposa. Significa 'criar laços'...
>
> – Criar laços?
>
> – Exatamente, disse a raposa. Tu não és ainda para mim senão um garoto inteiramente igual a cem mil outros garotos. E eu não tenho necessidade de ti. E tu não tens também necessidade de mim. Não passo a teus olhos de uma raposa igual a cem mil outras raposas. Mas, se tu me cativas, nós teremos necessidade um do outro. Serás para mim o único no mundo. E eu serei para ti a única no mundo... [...] A gente só conhece bem as coisas que cativou, disse a raposa. [...] Se tu queres um amigo, cativa-me! [...] Os homens esqueceram esta verdade, disse a raposa. Mas tu não a deves esquecer. Tu te tornas eternamente responsável por aquilo que cativas. Tu és responsável pela rosa...
>
> – Eu sou responsável pela minha rosa... repetiu o principezinho, a fim de se lembrar."

SAINT-EXUPÉRY, A. *O pequeno príncipe*. Agir: Rio de Janeiro, 1988, pp.67-74.

Busque no texto palavras que chamam sua atenção. **Imagine-se** construindo sua relação com seus catequizandos: o que deve ser valorizado? O que é preciso evitar?

Você procura cativar seus catequizandos? Como?

O texto nos apresenta um grande ensinamento: somos responsáveis por aqueles que cativamos. **Pense** em sua vida de catequista, no modo como você se relaciona com seus catequizandos: você se sente responsável por eles?

LIGADOS na

Nesse momento você é chamado a estar com o Senhor, realizando uma experiência pessoal de encontro com o Mestre, inspirando-se na experiência de André e do outro discípulo.

Prepare-se para acolher a Palavra com um refrão meditativo.

Faça a leitura do texto sugerido. **Lembre-se** de que é importante valorizar esse momento, com simplicidade, pois Deus irá falar.

Proclamação da Palavra – Jo 1,35-42

As primeiras palavras de Jesus registradas no Evangelho segundo João (Jo 1,38) são um convite aos homens e mulheres de todos os tempos à experiência de estar com Ele. "Vinde" indica que é Jesus quem escolhe os seus discípulos (cf. Jo 15,16). "Vede" significa atenção; Jesus quer que o vejamos e vivamos suas palavras e exemplos.

A Proclamação da Palavra de Deus deve sempre ter uma "simplicidade solene"; é importante aprender a acolher, valorizar e escutar quando Deus fala. Refrãos meditativos, cantos de aclamação ou músicas conhecidas ajudam a criar um clima propício à escuta da Palavra de Deus.

Para cada texto bíblico escolhido para os encontros são apresentadas algumas ideias para ajudar a reflexão. Elas, certamente, não esgotam tudo o que pode ser abordado e outros pontos podem ser acrescentados. O importante é que a mensagem do texto seja compreendida e percebida na realidade de vida de cada um.

Algumas **ideias** para conversar com o grupo

Jesus diz "Vinde e vede!" e a escolha é nossa, convencidos da autenticidade e da fidelidade de quem nos convida. Identificar a realidade de quem convida: é o passo da fé. Ver para nele descobrir as motivações para uma opção de vida: são os olhos da fé. Aquele que faz esse itinerário torna-se capaz de contagiar outros na fé, partilhando descobertas.

Recordar a experiência do chamado à vocação de catequista nos leva ao centro da experiência do chamado de Deus e às condições necessárias para segui-lo e conduzir a Ele aqueles que buscam conhecê-lo.

Nem Pedro nem os outros haviam mostrado que seriam capazes de uma pregação eficaz, nem que eram bons conhecedores da Lei, nem mesmo que praticavam boas ações. Jesus simplesmente olhou para eles, amou-os e convidou-os a segui-lo.

São as palavras de João Batista que abrem os olhos e os corações dos discípulos, que tomam a iniciativa, partem sem esperar que Jesus os chame e entram no caminho onde suas vidas serão mudadas, tornando-se testemunhas para tantos outros. Apontar caminhos, como faz João Batista, é missão do catequista.

O diálogo do pequeno príncipe com a raposa fala sobre cativar: quem faz a experiência de ser cativado abre sua vida a quem cativa. É uma relação profunda de respeito, amizade e amor que se cria entre quem cativa e quem é cativado.

O diálogo de Jesus com os dois discípulos leva a um encontro único, profundo, pessoal, no qual cada envolvido se coloca por inteiro, revela-se e se deixa conhecer.

? Que pontos comuns você vê nos dois encontros – Jesus e os dois discípulos, o principezinho e a raposa?

? E que pontos comuns você identifica nestes encontros – você e seus catequizandos, o pequeno príncipe e a raposa?

Faça uma breve prece espontânea a partir da pergunta de Jesus: "A quem procurais?" (Jo 1,38).

 João Batista recebeu a missão de preparar o caminho para a vinda do Senhor e dá testemunho sobre quem é Jesus. João Batista é o catequista que ajuda as pessoas a fazer a experiência de encontrar Jesus e dele se aproximarem.

? Quais as características de João Batista catequista que mais chamam sua atenção? Por quê?

Permanecer com Jesus significa abrir-se a sua presença, deixar-se cativar por Ele. Foi assim com os discípulos do texto de João.

? E você, deixou-se cativar pelo Senhor?

? Como você cultiva sua relação com Jesus?

? Por que sua maneira de relacionar-se com Jesus é importante para sua missão de catequista?

A compreensão da mensagem contida na texto proclamado é facilitada por meio de questões e/ou atividades. Com elas, a Palavra de Deus é explicada e relacionada a situações do cotidiano da nossa vida. O diálogo e a liberdade de expressão são o caminho para que a mensagem seja interiorizada para que possa ser vivida.

Para cada encontro foi escolhido um versículo do texto bíblico para motivar uma prece espontânea. O objetivo é criar intimidade com Deus por meio da oração dita com suas palavras, do seu modo. Nem todos se sentem à vontade para dizer sua prece em voz alta, e isso deve ser respeitado.

Notícias do cotidiano e pequenas histórias são valiosos instrumentos para o crescimento da fé a partir da vida. Situações concretas de vida, perguntas e experiências trazidas ao centro da reflexão são iluminadas pela Palavra proclamada. Importa criar um ambiente no qual todos sintam-se bem e cada catequizando, fazendo a experiência de comunidade, seja capaz de animar os demais participantes do grupo, para que, juntos, possam aprofundar sua fé. O catequista deve garantir que cada adolescente se sinta aceito e valorizado no grupo.

A expressão BORA PENSAR, algumas vezes, é substituída por outra, sugerindo uma ação mais bem relacionada ao conteúdo ou à reflexão proposta.

Pense: o grande desafio nos dias de hoje, segundo o Papa Francisco, é saber caminhar com as pessoas, oferecendo a companhia do testemunho da fé e sendo solidário com todos, em especial com os mais marginalizados. Nessa dinâmica, a catequese deve ser uma experiência concreta e não uma ideia abstrata de misericórdia ou um discurso, mas um encontro com Jesus. É o encontro com Ele que desperta a vontade de conhecê-lo melhor e, portanto, de segui-lo para tornar-se seu discípulo[1].

Conforme o livro *O Pequeno Príncipe*, a raposa diz que nós somos responsáveis por aqueles que cativamos.

? Como o testemunho de quem foi cativado por Jesus é essencial para a catequese?

A Palavra de Deus é trazida para a vida pessoal. Dinâmicas, questionamentos e vídeos são utilizados para iluminar a vida com a Palavra proclamada. A partilha de ideias e a troca de experiências são elementos-chave que contribuem para o amadurecimento da fé dos adolescentes. Os adolescentes, com suas experiências de vida e religiosa, são capazes de desenvolver seu senso crítico e, por isso, respostas prontas e evidentes são desnecessárias. O catequista coloca-se como aquele que escuta, sente e dialoga, e propõe luzes para as dúvidas, as questões levantadas e os problemas dos catequizandos.

Senhor, escuta a minha voz!

O salmista sugere que nos aproximemos do Senhor para experimentar o seu Amor: "Provai e vede como o Senhor é bom!".

Reze com o salmista, fazendo suas as palavras do Sl 33(34).

A oração, pessoal ou em grupo, espontânea ou sugerida, é componente essencial do encontro. Os momentos orantes são ocasiões especiais para um diálogo íntimo com o Senhor e aparecem naturalmente no desenvolvimento do encontro.

---

[1] Francisco, Papa. *A Catequese não é retórica, mas um encontro com Jesus.* Disponível em: <http://pt.radiovaticana.va/news/2015/05/30/papa_a_catequese_n%C3%A3o_%C3%A9_ret%C3%B3rica_mas_um_encontro_com_jesus/1147885> Acesso em: 26 nov. 2015.

CRISTÃO de *Prática*

Você é desafiado a renovar-se, sair dos seus próprios esquemas e ser criativo no grupo de catequese de perseverança com adolescentes que irá assumir.

Pense em como você pode ser um catequista capaz de cativar para Cristo os adolescentes que lhe forem confiados no grupo de catequese. E não se esqueça: Jesus caminha com você, Ele o precede sempre!

» **Escolha** seu compromisso como catequista, propondo-se a cultivar e testemunhar sua relação com Jesus e a assumir a responsabilidade por aqueles que cativar.

Em todos os encontros é proposto um compromisso. Cristão de prática é um momento que indica a necessidade de enfatizar as atitudes cristãs que devem ser constantes em todas as situações, no âmbito social, familiar ou entre amigos: aquilo que é iluminado pela Palavra de Deus torna-se prática comum para quem escolhe seguir Jesus. Deve ser bem entendido que não se trata de um compromisso apenas para os dias seguintes ao encontro, mas algo a ser de fato incorporado à vida. Pode ser proposta uma ação específica ou, também, uma mudança de mentalidade, um novo olhar para a vida ou assumir atitudes cristãs.

Catequista, ao apresentar com este tema os momentos do encontro, esperamos ter contribuído para o seu crescimento pessoal como discípulo missionário de Jesus Cristo, e para o domínio do caminho metodológico a ser percorrido junto aos seus catequizandos.

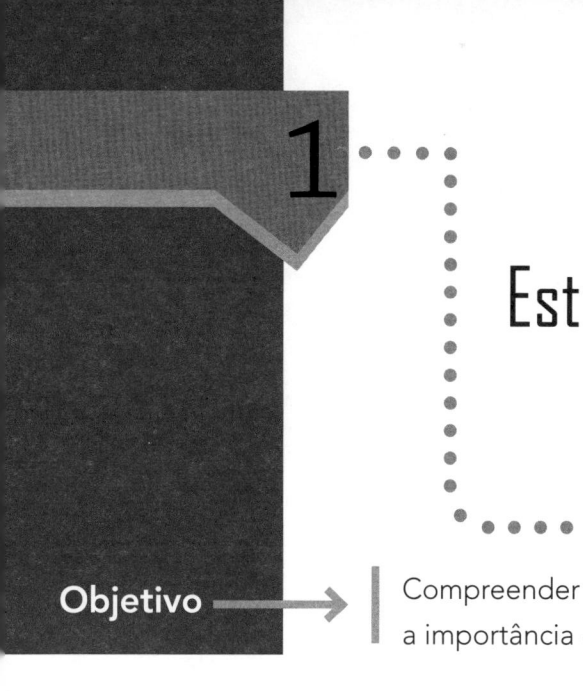

1

Estamos no
caminho

Objetivo ⟶ Compreender o significado da perseverança na vida do cristão e a importância de participar de um grupo de perseverança.

Comece o encontro acolhendo de maneira alegre os catequizandos, e **peça** que cada um se apresente ao grupo, dizendo o nome e alguma característica pessoal que queira compartilhar.

Apresente ao grupo a proposta para esse encontro: entender o que é um grupo de perseverança e assumir seu compromisso como participante.

Para introduzir o tema desenvolva a seguinte dinâmica: **providencie** um boneco em sanfona para cada adolescente, conforme o modelo apresentado; em cada boneco, **escreva** três frases escolhidas entre as sugeridas adiante. **Prepare**, também, um grande painel no qual os bonecos serão fixados para a conclusão da dinâmica. **Escolha** uma música motivadora.

Peça que todos se sentem, formando um círculo. **Entregue** a cada catequizando um boneco e **peça** que completem as frases, enquanto escutam a música escolhida. Na sequência, convide o grupo a fixar no mural os bonecos, ler as frases completadas e conversar sobre elas. **Procure** deixar todos bem à vontade para expressar suas ideias.

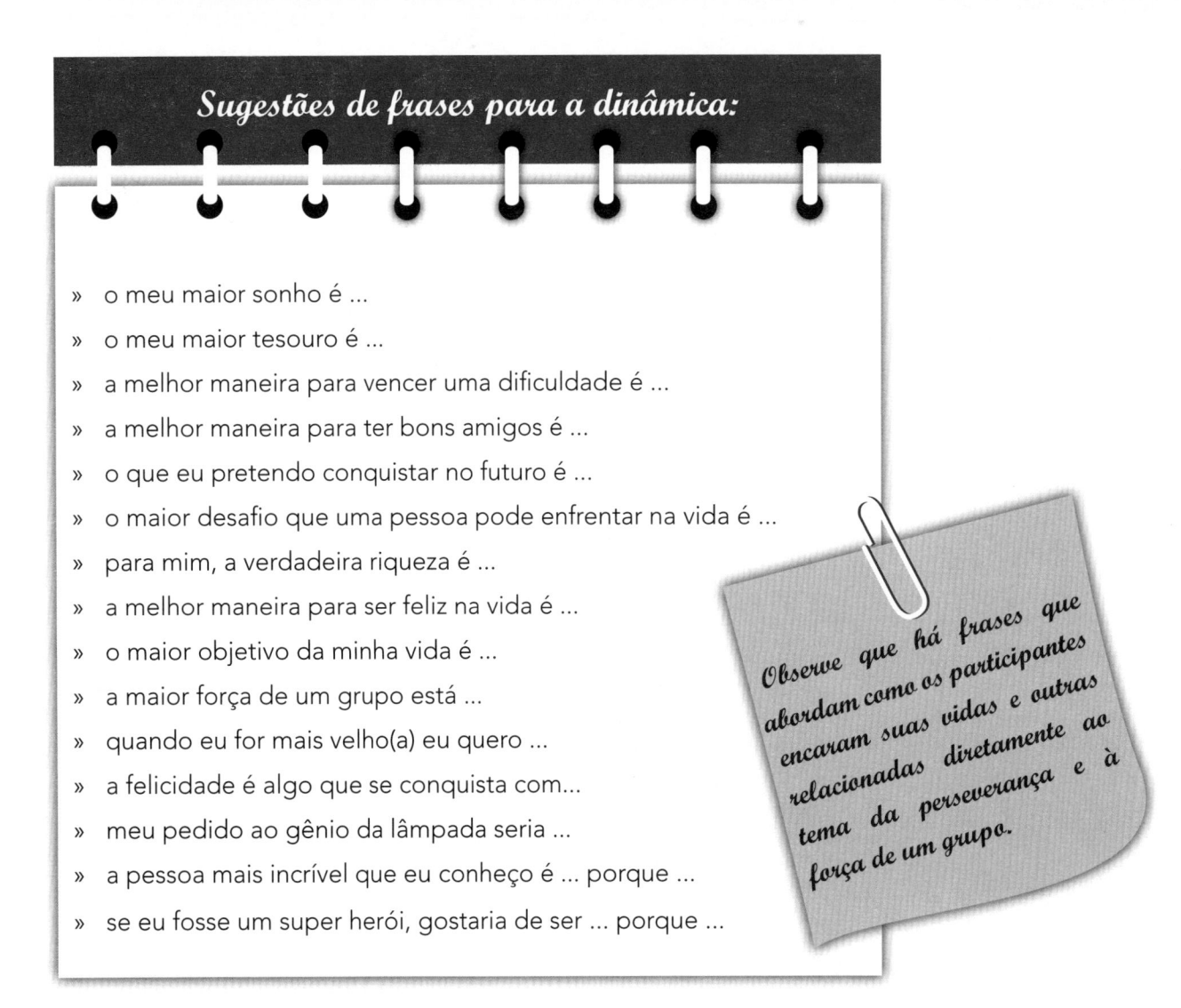

Sugestões de frases para a dinâmica:

» o meu maior sonho é ...

» o meu maior tesouro é ...

» a melhor maneira para vencer uma dificuldade é ...

» a melhor maneira para ter bons amigos é ...

» o que eu pretendo conquistar no futuro é ...

» o maior desafio que uma pessoa pode enfrentar na vida é ...

» para mim, a verdadeira riqueza é ...

» a melhor maneira para ser feliz na vida é ...

» o maior objetivo da minha vida é ...

» a maior força de um grupo está ...

» quando eu for mais velho(a) eu quero ...

» a felicidade é algo que se conquista com...

» meu pedido ao gênio da lâmpada seria ...

» a pessoa mais incrível que eu conheço é ... porque ...

» se eu fosse um super herói, gostaria de ser ... porque ...

Observe que há frases que abordam como os participantes encaram suas vidas e outras relacionadas diretamente ao tema da perseverança e à força de um grupo.

Concluída a dinâmica, **comente** sobre o que os catequizandos disseram e **destaque** alguns aspectos: valores e felicidade, dificuldades e empenho, amizade e união, objetivos e conquistas. **Procure** colocar todos os participantes na conversa, incentivando a troca de opiniões sobre as frases formadas.

Explore a imagem de abertura do tema. Peça que cada um observe, em silêncio, a cena e, na sequência, expresse os sentimentos que ela transmite. Destaques: coragem, confiança, ajuda, compensação, preparo, motivação, determinação, perseverança.

A partir da dinâmica, **recorde**, se for o caso, algumas das frases completadas pelos participantes e **fale** sobre o contraste que existe entre o que de fato queremos para nós e o que nos é apresentado como o que devemos querer – as coisas "do momento".

Proponha, a partir da leitura do texto inicial do livro dos adolescentes, uma discussão sobre as coisas "do momento" que o grupo conhece e às quais aderiu. **Peça** que observem as figuras: o que elas sugerem? O que pensam sobre as situações apresentadas e como se sentem em relação a elas?

Peça que leiam as questões do livro e conversem sobre como cada um reage nas situações indicadas. **Motive** uma conversa sobre como não nos deixarmos levar pela era "do momento". **Fale** sobre o que podemos perder quando nos deixamos levar apenas pelo que é "do momento", sem prestarmos atenção a outras pessoas, outros lugares, outros artistas; **comente** que, para não ficarmos presos às coisas "do momento", para ficarmos atentos às coisas duradouras, fazemos escolhas.

Perseverar é...

Apresente ao grupo Malala Yousafzai, e leiam juntos a sua história. Se possível, **coloque** algumas imagens da Malala no ambiente do encontro.

Questione o que mais despertou o interesse na biografia da Malala. **Forme** duplas e **peça** que conversem sobre alguns aspectos da sua história, conforme destacados no livro, e respondam as questões apresentadas. Ao final, **faça** uma partilha das respostas das duplas.

Explore aspectos negativos e positivos na história da Malala, tais como a discriminação, o tratamento diferenciado recebido por meninos e meninas, a violência imposta à população pelas leis, o incentivo recebido de seu pai, a coragem de Malala e sua convicção.

Destaque a determinação da Malala na luta contra o que impedia jovens e mulheres em seu país de viver seus direitos e a **apresente** como um exemplo de quem descobriu, nos desafios que enfrentava, a perseverança.

Converse sobre o significado de perseverança a partir do que é apresentado no dicionário. **Procure** fazer uma distinção entre perseverança e teimosia. Uma pessoa teimosa não tem interesse pela opinião dos outros e acredita que está certa no que faz. Já uma pessoa perseverante busca os caminhos necessários para alcançar seus objetivos; ela é capaz de pedir opiniões, analisar e aprender com os outros para lutar contra as dificuldades.

Pergunte: como podemos perceber a perseverança no nosso dia a dia?

Promova uma conversa sobre o que cada um entende por perseverança. **Peça** que comentem sobre pessoas conhecidas e que consideram perseverantes, explicando porque as enxergam assim.

Pergunte o que pensam: para que um grupo de perseverança? **Converse** com o grupo, mostrando que para permanecer no caminho cristão é importante ser perseverante nos ensinamentos de Jesus.

Explore o texto do livro dos catequizandos, explicando que o grupo de perseverança será o espaço onde cada um irá ganhar forças para assumir com mais empenho a decisão de tornar-se discípulo de Jesus, mesmo diante de dificuldades que podem surgir no caminho.

A partir dos versículos indicados, **mostre** ao grupo que, para sermos perseverantes em nosso seguimento a Jesus, precisamos de intimidade com a Palavra de Deus, que nos indica o caminho seguro para nossa vida; da comunidade, porque vivendo em comunhão com os irmãos somos incentivados e fortalecidos na caminhada; da oração, porque nossas conversas com Jesus nos aproximam dele e nos tornam mais confiantes e esperançosos; e, também, dos encontros, nos quais podemos refletir sobre nossa fé e nossa vida.

Explore o provérbio africano apresentado no livro do catequizando, trazendo-o para a realidade de um Grupo de Perseverança.

> *Sugestão*: você pode tirar uma foto do grupo para compartilhar entre os participantes ou deixá-la exposta na sala dos encontros da catequese; pode, também, propor que seja escolhido um nome para esse grupo que está começando.

Recorrendo ao texto do livro do catequizando, **motive** para a participação ativa no grupo, que se forma como pequena comunidade na qual cada um irá continuar sua caminhada para tornar-se discípulo de Jesus, recebendo o apoio uns dos outros.

Antes da leitura bíblica, **motive** para a escuta da Palavra de Deus com um refrão meditativo.

LIGADOS na

Peça a um dos participantes que faça a proclamação do texto bíblico.

Proclamação da Palavra – Tg 1,22-25

São Tiago usa o exemplo de um espelho, que é útil porque mostra nossa imagem, o que somos, mas é, também, limitado porque não muda nada em nós. Ele nos diz que quem apenas ouve a Palavra é como quem se olha ao espelho e logo esquece sua aparência: ouve os ensinamentos e logo os abandona. Mas seguir Jesus, ser seu discípulo, não é coisa "de momento", dever social ou tradição. Por isso, quem ouve a Palavra "não como um ouvinte distraído", mas persevera e a pratica em sua vida, assumindo a vontade de ser discípulo de Jesus, esse, sim, será feliz.

Algumas **ideias** para conversar com o grupo

Praticar o que ordena a Palavra é assumir um compromisso com a transformação do mundo, que começa por uma transformação em nós mesmos.

Ouvir falar sobre a Palavra de Deus e fazer a experiência de viver a Palavra são coisas totalmente diferentes. Escutar e acolher a Palavra de Deus deve nos levar à mudança de atitudes, a deixar de lado o egoísmo e tudo o que pode nos afastar do caminho que Deus tem para nós.

Conduza uma reflexão a partir das ideias sugeridas (e outras que queira acrescentar). **Motive** a leitura do texto do livro e a realização da atividade proposta. Se necessário, **ajude** os catequizandos a definir as palavras que representam os versículos escolhidos.

Questione: se não nos limitarmos a apenas ouvir a Palavra de Deus, o que pode acontecer em nossa vida? **Motive** uma partilha sobre as respostas.

Leia o texto no livro do catequizando e **converse** com o grupo sobre ser cristão por obrigação, por tradição ou por escolha verdadeira. **Lembre** que comprometer-se com Jesus não significa ter que fazer coisas grandiosas ou extraordinárias; nas pequenas coisas do dia a dia, com sinceridade e vontade, demonstramos como acolhemos seus ensinamentos em nossa vida.

Acompanhe o grupo na realização da atividade proposta e, na sequência, **motive** a leitura do texto do livro do catequizando.

Destaque a afirmação de Jesus sobre a prática da Palavra (Lc 11,28) e **questione**: qual o sentido da afirmação de Jesus? O que cada um faz pensando em sua felicidade?

Convide para uma breve prece espontânea a partir da afirmação de São Tiago: "este será feliz naquilo que faz" (Tg 1,25). **Cuide** para que todos possam dizer sua prece em voz alta, mas **respeite** aqueles que não o desejarem.

Converse sobre dificuldades, mostrando que só podemos superá-las com nossa dedicação; se não quisermos ter apenas objetivos de momento, precisamos ser perseverantes.

Alerte os catequizandos que, como discípulos seguidores de Jesus Cristo, também poderemos passar por alguma dificuldade e, diante disso, **é preciso perseverança** e ter suas atitudes como exemplo.

Pergunte: que dificuldades podemos encontrar para seguirmos Jesus?

Recorde a história de vida da Malala e, também, daqueles que foram mencionados pelos catequizandos para afirmar que a perseverança só é aprendida com a prática. Mas, Deus nos auxilia: podemos pedir que Ele nos dê perseverança (cf. Rm 15,5) e podemos encontrar na Bíblia belos exemplos de pessoas que souberam perseverar.

Comente com o grupo alguns personagens bíblicos que se destacam por sua perseverança:

Aguardou durante muito tempo que se cumprissem as promessas de Deus quanto a uma descendência próspera e numerosa (Gn 12,2;13,16), mas procurou, de certa forma, acelerar o cumprimento dessa promessa tendo um filho com Agar, escrava de Sara (essa não é uma atitude bem parecida com a nossa?).

Abandonado pelos irmãos e jogado em uma cisterna, vendido como escravo a mercadores (Gn 37), poderia pensar que seus sonhos eram apenas sonhos; mas, durante todas as dificuldades que enfrentou, mostrou-se perseverante até alcançar as promessas reveladas nos sonhos (Gn 42).

 Perseverou na caminhada com Elias e diante das dificuldades (2Rs 2).

 Perseverante intercedendo a Deus pelo povo até que este fosse poupado (Dt 9,18-20). Em sua insistência, Moisés foi até ousado diante de Deus!

 Não desistiu diante da primeira recusa de Jesus, confiou e foi perseverante, e sua filha foi curada (Mt 15,21-28).

 Com a morte do marido permaneceu com sua sogra e com ela aprendeu sobre o Deus todo-poderoso, seu amor e sua misericórdia em favor do povo. A fidelidade de Rute a sua sogra era fidelidade ao Deus de Israel, que ela descobre em meio às dificuldades e ao sofrimento e, por sua fé e perseverança, Rute foi abençoada (Livro de Rute).

Destaque que Jesus é, também, um exemplo de perseverança: sustentado pela oração, olhava além das dificuldades enquanto caminhava no meio do povo. Rezando a Deus Pai e sentindo alegria por ajudar toda a humanidade a se reconciliar com Ele, Jesus ganhava forças para perseverar.

Para definir o contrato de convivência

Providencie uma cartolina, canetinhas coloridas, um envelope, tiras de papel, som e música-ambiente animada. Nas tiras de papel, **escreva** palavras-chave importantes para a boa convivência de um grupo, tais como: respeito, polidez (agradecer, desculpar-se, cumprimentar...), colaboração, pontualidade, participação, perdão, confiança e outras.

Organize o ambiente, pedindo que os adolescentes formem um círculo. No centro, **coloque** uma mesa e, sobre ela, a cartolina e as canetinhas coloridas.

Converse sobre a importância desse momento em que todos definirão, juntos, quais são as atitudes mais importantes para fazer do Grupo de Perseverança um espaço agradável, de respeito mútuo e de experiência de comunidade. **Informe** que esse será o **contrato de convivência** de todos, inclusive do catequista.

Dê início à música e **entregue** o envelope para um dos adolescentes. **Explique** que eles passarão o envelope um para o outro apenas enquanto a música estiver tocando. Quando a música for interrompida, quem tiver o envelope em mãos retirará de seu interior uma das tiras de papel, lerá a palavra nela escrita e expressará sua compreensão sobre ela. **Mobilize** os demais participantes a contribuir com outras compreensões e, assim, construam, juntos, uma das regras do grupo. Diante do consenso, **cole** a tira de papel sobre a cartolina e **escreva** abaixo dela o resumo do que conversaram. **Leia** o resumo para garantir o entendimento do grupo.

Repita o processo até que o contrato de convivência esteja completo.

Mostre o resultado para o grupo e **relembre** que essa foi uma construção conjunta, que revela o quanto cada um se importa com a qualidade do relacionamento que terão a cada encontro.

Oriente para que, de forma organizada, cada adolescente escreva seu nome no contrato de convivência como forma de expressar sua concordância.

Senhor, escuta a minha voz!

Comente que Deus se alegra quando rezamos e nos dirigimos a Ele, e convide o grupo para a oração que é apresentada no livro.

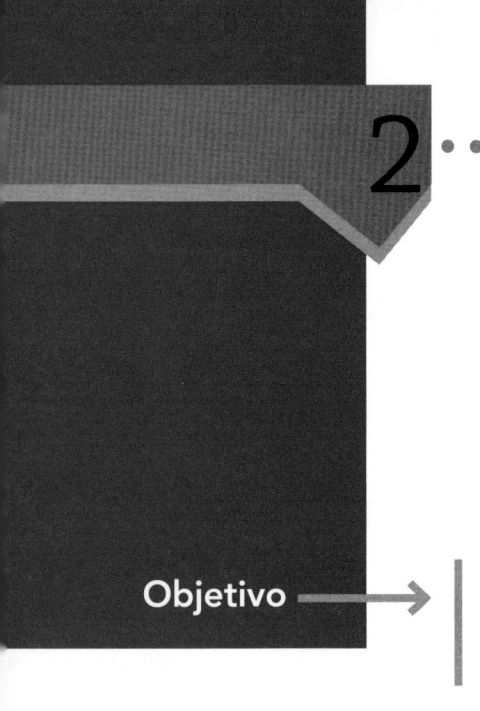

Você
não é uma ilha

Objetivo → Refletir sobre a importância de nos relacionarmos estabelecendo vínculos de amizade com as pessoas e assumindo as atitudes de Jesus como nosso modelo.

Após **acolher** os catequizandos, **comente** que somos pessoas únicas, com dons e capacidades próprios, mas que todos nós precisamos uns dos outros. É na convivência com os outros que crescemos como pessoas, compartilhamos bons momentos e aprendemos o que é amar.

Explore a imagem apresentada. **Peça** que observem a cena e conversem sobre os sentimentos e ideias transmitidos.

Faça a leitura do primeiro parágrafo do texto do livro do catequizando e proponha uma conversa sobre a expressão "ninguém é uma ilha".

Apresente algumas questões para discussão: como seriam o comportamento e a vida de uma "pessoa-ilha"? Nossa rede de relacionamentos se amplia à medida que crescemos; que consequências isso tem para nós?

Continuando a leitura do texto, traga à discussão as características próprias das amizades: amigos gostam de estar juntos e de conversar, compartilham sentimentos, sonhos e experiências, sentem admiração e respeito um pelo outro, confiam um no outro, sentem liberdade para mostrar-se como são.

Pergunte: que qualidades são importantes em um amigo? O que é um bom amigo, um amigo verdadeiro?

Antes da leitura bíblica, **motive** para a escuta da Palavra de Deus com um canto de aclamação ou um refrão meditativo.

Peça que um dos catequizandos faça a proclamação do texto bíblico.

Proclamação da Palavra – Jo 11,7-45

Deus é Deus-comunhão, Pai, Filho, Espírito Santo, e não quer que sejamos sozinhos. Ele mesmo procura ser fiel e acessível para manter sua amizade com o homem, como mostram, por exemplo, os livros do Gênesis (Gn 3,8-9; Gn 22,10-17; Gn 39,6-23), do Êxodo (Ex 32,7-14) e da Sabedoria (Sb 7,7-14).

Lázaro, Maria e Marta eram grandes amigos de Jesus. As atitudes descritas no texto de João são sinais dessa amizade.

Abraão conversa com Deus, questionando-o como amigo (Gn 18,20-33).

Algumas **ideias** para conversar com o grupo

Jesus nos deu a melhor definição de amigo: "Ninguém tem maior amor do que aquele que dá a própria vida por seus amigos" (Jo 15,13). Entregando sua vida por nós, seus amigos, Jesus nos mostra que um amigo verdadeiro pensa no bem do outro, sem esperar nada em troca.

Jesus Cristo, em sua vida terrena, conviveu com diferentes pessoas e quis ter amigos. Ele fez amizades verdadeiras, nas quais deixava transparecer seu zelo e seu amor por nós.

Após a proclamação da Palavra de Deus, **motive** uma reflexão a partir das ideias sugeridas, envolvendo os catequizandos para que expressem sua compreensão do texto.

Leia com o grupo o texto que está no livro do catequizando e **proponha** uma conversa sobre as características da amizade percebidas no texto bíblico.

A partir das características identificadas, **comece** a atividade proposta no livro.

Construindo a carteira de identidade da amizade

Ressalte que Jesus é o melhor modelo de amizade que podemos seguir. Com Ele aprendemos a ser justos, sensíveis, assertivos e confiáveis. Mas como será que nós somos em relação aos nossos amigos?

Peça aos adolescentes que criem uma carteira de identidade da amizade. Para isso, disponibilize revistas e oriente para desenharem no livro seu próprio rosto em formato 3x4 cm. Acima do desenho, escreverão seus nomes. Abaixo dele, colarão ilustrações encontradas nas revistas que representem como é o seu jeito de ser amigo. Se não encontrarem imagens representativas, poderão desenhar ou descrever. **Afirme** que é importante serem honestos, reconhecendo também as suas fragilidades.

Quando todos tiverem concluído sua carteira de identidade da amizade, **pergunte** se alguém deseja compartilhar o que construiu. Se ninguém o fizer, **pergunte**: quantos de vocês incluíram em sua carteira de identidade da amizade valores e atitudes que aprendemos com Jesus? **Reflitam** juntos sobre a influência desses valores e dessas atitudes cristãs nos nossos relacionamentos.

Depois, **pergunte** se alguém incluiu alguma atitude que contraria o que Jesus ensinou e que gostaria de mudar. Se ninguém se identificar, **pergunte**: quais seriam as atitudes que às vezes as pessoas têm nas suas amizades e que não são o que Jesus ensina? **Reflitam** juntos sobre como essas atitudes influenciam negativamente os nossos relacionamentos.

Encerre esse momento pedindo que os adolescentes exponham as carteiras de identidade da amizade sobre suas mesas. **Oriente-os** a, silenciosamente, circular pela sala observando as produções uns dos outros. Enquanto caminham, **faça** perguntas deixando pausas entre elas: você tem sido um bom amigo? Você tem amigos verdadeiros em sua vida? Seus amigos sabem que são importantes para você? Você se sente importante para eles?

Comente que há momentos nos quais não praticamos as atitudes que Jesus nos ensina em nossos relacionamentos, mas sempre podemos nos tornar amigos, irmãos, filhos e alunos melhores. Podemos sempre incluir em nossa identidade os valores que Jesus nos ensinou.

> **Dica**
>
> Você também pode participar ativamente desse momento deixando antecipadamente pronta a sua própria carteira de identidade da amizade. Se os adolescentes hesitarem em participar, a autoexposição do catequista poderá servir como modelo e inspiração.

Forme pequenos grupos com três ou quatro catequizandos e **oriente** para que conversem sobre o que a amizade entre Jesus e os três irmãos nos ensina. **Peça**, depois, que cada grupo apresente os principais pontos sobre os quais conversaram e, em seguida, **faça** a leitura do texto do livro do catequizando.

Comente que podemos fazer amigos na escola, na família, na vizinhança e em outros lugares ou contextos, e **afirme** que o bom amigo é aquele a quem podemos nos revelar com honestidade, porque nele podemos confiar totalmente.

Senhor, escuta a minha voz!

Oriente para que cada um escreva uma oração, conforme a proposta no livro do catequizando.

Leia com o grupo o texto que está no livro, comentando que Jesus quer ser nosso amigo e nos aproximar sempre mais do Pai. Ele afirmou que somos seus amigos, especialmente quando temos amor pelos outros. Com suas atitudes, Jesus nos ensina o que é uma amizade verdadeira.

Convide os catequizandos para uma breve prece espontânea a partir da atitude de Maria: "levantou-se imediatamente e foi ao encontro de Jesus" (cf. Jo 11,29).

Comente com o grupo que, com o avanço da tecnologia, as formas de comunicação e interação passaram por uma importante revolução. As salas de bate-papo, as mensagens instantâneas, os e-mails e as várias redes sociais são exemplos de relacionamentos mediados pela internet. Cada vez mais pessoas dedicam parte considerável do seu tempo às amizades virtuais.

Motive a leitura do texto do livro e **converse** com o grupo sobre como são suas amizades nas redes sociais, abrindo espaço para que respondam aos questionamentos apresentados.

Pergunte: a amizade presencial é mais verdadeira do que a amizade virtual? **Motive** a participação em um minidebate abordando essa questão.

Promovendo um minidebate

Comente que, hoje, temos muitos amigos que convivem conosco e outros que encontramos online. Mas será que isso é determinante para a qualidade da amizade?

Oriente para que os adolescentes formem duplas. **Explique** que um deles defenderá a ideia de que a amizade só pode ser verdadeira e ter qualidade quando presencial. O outro contra-argumentará e defenderá a ideia de que a amizade virtual também pode ser verdadeira.

Ofereça cerca de 5 minutos para o minidebate. Depois, **oriente** as duplas para que invertam os papéis, isto é, quem defendia a amizade presencial agora defenderá a amizade virtual e vice-versa.

Depois, **peça** ao grupo que forme um grande círculo. **Pergunte** o que foi difícil e o que foi fácil durante o minidebate; qual é a conclusão de cada dupla; se o fato de serem diferentes, amizade virtual e amizade presencial, necessariamente faz com que uma seja melhor do que a outra...

Com algumas perguntas, **auxilie** o grupo a recordar as características da amizade entre Jesus e os três irmãos identificadas no Evangelho segundo Lucas: amor ao próximo, respeito, justiça, acolhimento, apoio, confiança. Na sequência, **motive** a leitura do texto do livro do catequizando e **peça** que respondam à questão proposta.

Pergunte, enfim, se é possível viver uma amizade virtual ou presencial com base nos valores da amizade ensinados por Jesus, orientando a reflexão – se necessário – para uma resposta positiva e ajudando o grupo a compreender que mais importante do que a amizade ser presencial ou virtual é o modo como ela se desenvolve, como ela nos faz sentir e como podemos, através dela, ser verdadeiros amigos.

Apresente, se possível, uma música com o tema da amizade, tal como: *The Gift of a Friend* (Demi Lovato), *Amizade Verdadeira* (Jeito Moleque), *A Amizade É Tudo* (Thiaguinho), *Canção da América* (Milton Nascimento) ou *Amigo* (Roberto Carlos).

Oriente para que cada catequizando escreva um poema ou faça uma adaptação de letra de música sobre a amizade, dedicando-a ao seu melhor amigo.

Converse com o grupo sobre assumir compromissos, mostrando que, além de meio para alcançar resultados concretos, eles são um exercício de perseverança para quem os assume. A vivência cristã não é diferente: temos um compromisso com o Reino de Deus que devemos renovar todos os dias e isso nos faz mais atentos e sensíveis diante dos irmãos e mais fortes no testemunho.

Proponha que o compromisso da semana seja compartilhar com o melhor amigo, ou alguém próximo, o que aprenderam durante o encontro sobre amizade verdadeira.

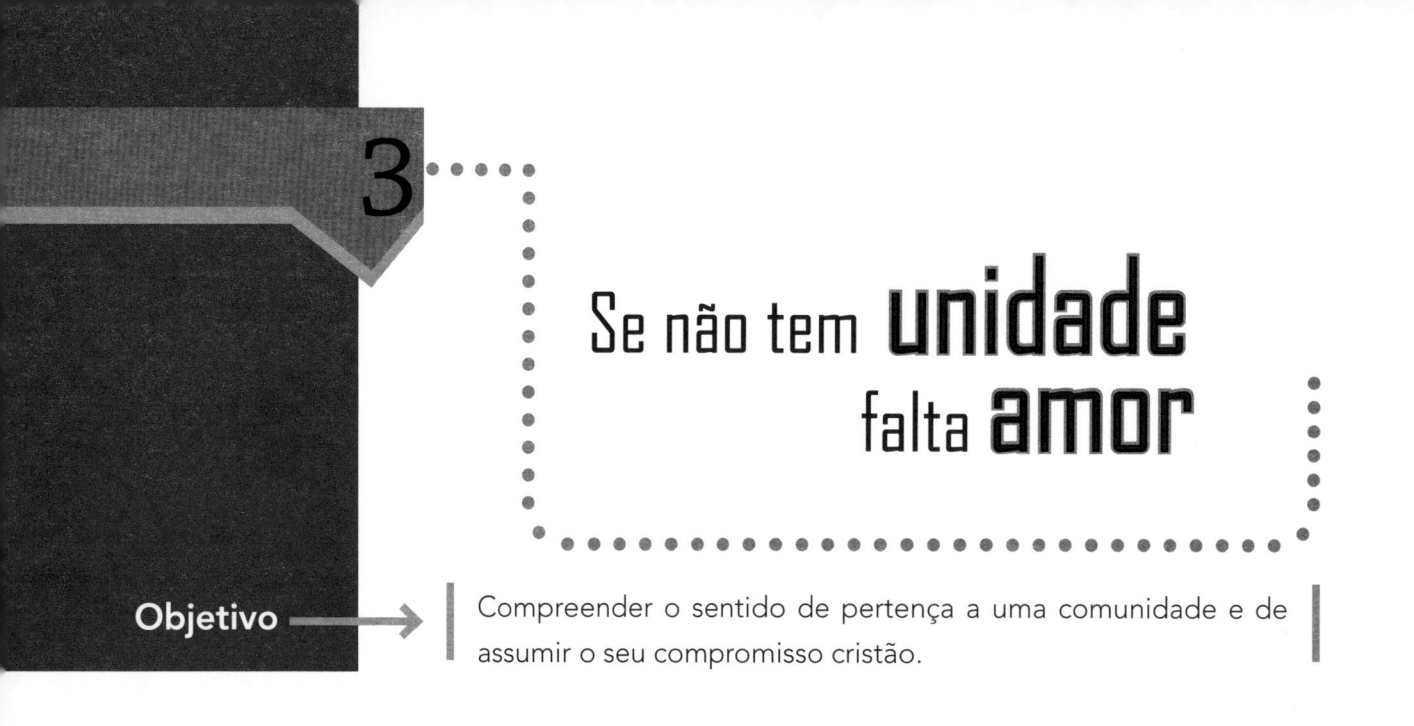

Se não tem **unidade** falta **amor**

Objetivo → Compreender o sentido de pertença a uma comunidade e de assumir o seu compromisso cristão.

Providencie figuras de diferentes grupos tais como time de futebol ou vôlei, grupo de corredores, skatistas, comunidade religiosa, bandas ou grupos musicais, ou outras semelhantes, e as coloque bem visíveis na sala do encontro.

Após acolher os catequizandos, **destaque** que, por mais diferentes que sejam, todas as pessoas tem em comum o amor de Deus. Os seguidores de Jesus têm uma identidade: são cristãos e têm Jesus como Mestre, formam uma comunidade.

Explore a imagem apresentada na abertura do tema pedindo que cada catequizando diga uma palavra que associa a ela.

Questione o grupo sobre o que entendem como comunidade, recorrendo às figuras expostas no local do encontro. **Converse** sobre as características de uma comunidade, que deve ser compreendida como um grupo de pessoas que têm algo em comum e cujos integrantes mantêm relações mais próximas. Como são muitos os interesses e as motivações, há diferentes tipos de comunidades.

Motive a leitura do texto que está no livro e **peça** aos catequizandos que digam outros exemplos de comunidades que conheçam. **Explique** que cada comunidade tem uma identidade, que é o que une seus membros.

Pergunte quem participa de algum grupo e **peça** que respondam as questões propostas no livro.

Explore o texto do livro do catequizando e **comente** que os integrantes de uma comunidade, pelo interesse em comum, conseguem concretizar objetivos que são, também, do interesse de todos (como construir uma quadra esportiva ou um salão para a comunidade) ou para atender as necessidades de uma pessoa ou de um grupo (como promover campanhas de arrecadação e distribuição de alimentos, roupas, ...).

A partir desses comentários, **converse** sobre a comunidade de Jesus: pessoas diferentes, chamadas por Ele, que criaram vínculos, dividiam esperanças e ajudavam-se mutuamente.

Peça que os catequizandos digam algo que conheçam sobre a comunidade (paróquia) da qual participam e sobre as ações que realiza. Depois **motive** para que façam um desenho conforme sugerido no livro.

Motive a leitura do texto do livro com uma pergunta: o que nossas comunidades podem aprender com aqueles que conviveram com Jesus? **Explore** que a experiência daquelas pessoas pode ser modelo para nós, membros da comunidade dos discípulos de Jesus, ajudando-nos a viver nossa fé e a amadurecer como cristãos.

LIGADOS na Palavra

Comente sobre a importância da unidade em diferentes situações e **leia** com o grupo o texto do livro do catequizando.

Antes da leitura bíblica, **motive** para a escuta da Palavra com um canto de aclamação ou um refrão meditativo.

Peça que um dos participantes faça a proclamação da Palavra.

Proclamação da Palavra – Jo 17,6-26

Algumas ideias para conversar com o grupo

Jesus ora por si mesmo, afirma ter cumprido sua missão e diz que a vida eterna é conhecer o Deus verdadeiro e a Jesus Cristo que foi enviado.

Consagrar quer dizer transferir ou entregar (pessoa ou coisa) a Deus. Há aqui dois aspectos: a entrega a Deus e o envio. Para os discípulos de Jesus, significa continuar sua missão.

Orando pelos onze discípulos, Jesus afirma que foram preparados por Ele para levar sua Palavra a toda a Terra; Ele ora pelos que ainda virão (portanto, também por nós), para que todos sejam um, assim como Ele e o Pai são um.

A oração não considera tirar os discípulos do mundo, para escaparem da ira dos homens, porque tinham uma grande obra a fazer para a glória de Deus e para benefício de toda a humanidade.

Mesmo sendo um com o Pai, Jesus abriu mão da glória e se fez servo; isso nos ensina que a oração de Jesus é para que sejamos um no amor e no serviço aos irmãos.

Em sua oração, Jesus diz que a unidade no amor entre nós dirá ao mundo que Deus ama a humanidade da mesma forma que ama seu Filho.

Converse com o grupo sobre o sentido da unidade e como Jesus se mostra preocupado com a unidade entre todos os que o seguem.

Peça que um dos catequizandos leia o texto do livro e **provoque** uma troca de ideias a partir da questão: como nós, comunidade dos discípulos de Jesus, podemos nos manter unidos? **Encaminhe** para a atividade que segue no texto.

Escrevendo na ilustração

Oriente os adolescentes a refletir sobre o que nos mantém unidos uns aos outros, como uma verdadeira comunidade cristã, e **peça** que escrevam, no desenho em seus livros, sentimentos, pensamentos e atitudes capazes de nos manter em unidade, como Igreja de Jesus Cristo. Se necessário, **dê** exemplos:

» Sentimentos: lealdade, amor ao próximo...

» Pensamentos: assumir a Igreja como comunidade de Jesus Cristo e entender que é nosso compromisso, como cristãos, fazer parte dela...

» Atitudes: respeito, colaboração, solidariedade...

Convide o grupo a compartilhar o que escreveram. **Acolha** as palavras citadas e **escolha** algumas delas para tecer comentários ou pedir opiniões sobre por que são importantes para a vida em comunidade.

Ainda recorrendo às palavras mencionadas pelo grupo, **diga** que, em qualquer comunidade, um trabalho só é bem sucedido se houver unidade entre os membros. Isso também é verdadeiro para a comunidade dos discípulos de Jesus, que têm a missão de continuar o que Ele fez entre nós.

Motive a leitura do texto do livro e **peça** que escrevam como podem continuar a missão de Jesus.

Convide os catequizandos para uma breve prece espontânea a partir da vontade que Jesus manifestou: "...*a fim de que sejam um, como nós somos um*" (cf. Jo 17,22).

Converse com os catequizandos sobre a proposta de vida em comunidade que Jesus apresenta: ser grande é colocar-se disponível para o bem do outro, é cuidar do bem de todos, colocando o amor ao próximo como a maior marca da sua comunidade.

Peça aos catequizandos que leiam o texto do livro e **encaminhe** para a leitura dos Atos dos Apóstolos (At 2,42-47), comentando que esses versículos mostram para nós a vida das primeiras comunidades de seguidores de Jesus.

Converse com os adolescentes sobre como a vida em comunidade exige que cada um de nós faça a sua parte: orar pelas pessoas, colaborar nos projetos coletivos (ajudar nas festas da comunidade, ajudar a arrecadar alimentos ou a fazer limpezas de rios...), participar da Santa Missa, colocar seus dons (cantar, fazer doces, decorar...) a serviço... Fazer a nossa parte, no entanto, nem sempre é fácil. Às vezes ficamos acomodados, não nos prontificamos a colaborar ou a assumir uma responsabilidade.

Para ler e refletir

Leia o conto no livro dos adolescentes. Oriente para responderem as questões e converse sobre cada uma delas, incentivando a participação dos adolescentes com suas opiniões.

Comente que aprendemos nesse encontro como viver em comunidade e como exercer nosso papel de cristãos. Afirme que, assim como Jesus perseverou por nós, a cada dia podemos perseverar no seu seguimento, mudando nossas atitudes e melhorando nossa adesão ao compromisso de ser um discípulo missionário de Jesus Cristo.

Senhor, escuta a minha voz!

Motive o grupo para a oração que está no livro; use um refrão ou um canto para iniciar esse momento orante.

Motive a leitura do texto do livro dos adolescentes destacando as atitudes que o Papa Francisco aponta para que uma comunidade cristã possa perseverar. Lembre e associe com as palavras e sentimentos que o grupo expressou anteriormente.

Testemunhando a fé cristã

Comente que o Papa Francisco, com suas atitudes, tornou-se um testemunho dos valores cristãos que tem alcançado diferentes povos e culturas como mensagem de amor ao próximo e de esperança.

Explique que o Papa Francisco visitou os Estados Unidos da América, em setembro de 2015, e, durante a visita, o jornal americano *Washington Post*, não religioso, publicou em sua página no Facebook um vídeo no qual o Papa Francisco desceu do carro para abençoar um menino com paralisia cerebral. O vídeo recebeu mais de 6.000 comentários e foi compartilhado mais de 80 mil vezes[2]. O mais intrigante é que

---

2   Disponível em: <https://www.facebook.com/washingtonpost/videos/10153269027352293/> Acesso em: 1 out. 2015.

muitos comentários com elogios ao exemplo que o Papa Francisco oferecia ao mundo vieram de pessoas que se disseram "não católicas" ou "não religiosas".

Divida o grupo em duplas ou trios e **diga** que as frases que irão receber são comentários reais de internautas que se comoveram com o exemplo do Papa Francisco em sua visita aos Estados Unidos. **Entregue** a cada dupla ou trio duas ou mais frases (ver pág. 31) e **peça** que conversem sobre como se sentem em relação a elas: se concordam, se discordam, quais os sentimentos presentes em cada frase e, principalmente, o que deve ter levado a pessoa a se sentir desse modo.

Peça que cada dupla ou trio leia em voz alta suas frases e compartilhe a sua conclusão. Se desejar, **pergunte**: em quais aspectos o exemplo do Papa Francisco foi inspirador para essas pessoas?

Encerre o momento comentando que, assim como o Papa Francisco, podemos ser capazes de testemunhar, com nossas atitudes e palavras, os ensinamentos de Jesus. Podemos ser modelo do amor de Deus no mundo e inspiração para que as pessoas busquem se tornar melhores. **Incentive** os adolescentes a escrever em seus livros uma frase que resuma a conclusão à qual chegaram.

CRISTÃO de *Prática*

Apresente ao grupo a família como uma verdadeira comunidade e **reflita** sobre o lugar e o compromisso que nela temos. Essa comunidade-família deve ser expressão do amor de Deus.

Leia com o grupo a proposta de compromisso para a semana e **incentive** cada catequizando a escrever como foi a experiência feita com seus familiares.

Comentários sobre o Papa Francisco

1. Eu não sou católico, mas este Papa enche meu coração de amor com sua compaixão. É um homem inspirador. (H. Norcross)

2. Papa Francisco me faz acreditar na humanidade. Sou muçulmano. (A. Imam)

3. Um homem tão bom e decente. Sua compaixão com os menos afortunados é realmente impressionante. (C. B. Butterworth)

4. Essa é a humanidade no seu melhor... Amo o Papa Francisco e sou muçulmano. (S. Eid)

5. Não sou religioso, mas tenho muito respeito e admiração por este Papa. Ele está fazendo muitíssimo bem ao mundo. Percebe-se que ele verdadeiramente se preocupa com as pessoas e tem um grande coração. Se existe um Deus, este é exatamente o tipo de pessoa que deveria representá-lo. (M. Hukriede)

6. No sou católico, mas o Papa Francisco tem ganhado meu respeito. (J. Eslick)

7. Não tenho palavras para este Papa, chorei em todos os momentos de sua visita e pertenço à religião Sikh. (G. Sikh-Sabha)

8. Assim é como sempre quis ver o Papa. Eu não sou católico, mas agora poderia ser. (N. Antoneli)

9. Deixando a religião de lado, este Papa faz com que meu coração cante. Ele é todo amor. Ele é esperança. Ele é alegria. É muito querido. Um homem para todos. (M. Bell)

10. Sou uma cristã que nunca entendeu a veneração que as pessoas têm pelo Papa. Mas agora, vendo o Papa Francisco, entendo melhor o que essas pessoas veneram e por que. Este homem mostra que o mundo pode ser um lugar melhor e que todos podemos fazer algo para melhorá-lo. (T. Salloum)

11. Sou uma bruxa pagã e adoro este Papa. Esperança para a humanidade: restauração. (V. Seybold)

12. Sou muçulmano e não importa qual religião você siga, este homem está "levantando a bandeira" da humanidade em todo o mundo. (Q. Chaudary)

13. Eu tampouco sou católica, mas me sinto muito tocada por este Papa. De alguma maneira estranha, penso que ele me entende. É um arco-íris de ajuda para todos os seres humanos oprimidos. Quero sentir-me segura e protegida pelos ideais que ele defende. (S. James)

14. Não sou católico, mas o Papa Francisco é uma inspiração e um dos poucos pontos brilhantes no mundo religioso moderno. (J. Tanner)

15. Ele é um Papa maravilhoso e preocupado com os demais. Não sou católica, mas ele me comove como nenhuma pessoa religiosa jamais o fez. Que Deus o abençoe. (D. Jones)

16. Este Papa me fez querer converter-me seriamente ao Catolicismo. (C. Kivett)

17. Que grande homem! Não sou católico, mas não posso deixar de ver este Papa… um verdadeiro homem de Deus. (S. Reis)

18. É como Cristo! Não sou cristão nem religioso, mas sempre admirei Jesus como ser humano. As histórias que contam Dele falam de um mundo onde os seres humanos devem ser compassivos uns com os outros. (W. Belgard)

19. Há muitos comentários [aqui] que começam com a frase: "Não sou católico, mas…". Não creio que seja necessário usá-lo. Amo a Deus e este homem – o Papa – está expressando o amor de Deus. Suas palavras e suas ações ressoam em nós com muita força. Mostremos uns aos outros esses mesmos gestos de amor através da ternura e da compaixão. (D. Mott)

20. Não sou religioso, mas este homem realmente me comoveu. Ficará na história como o Papa mais humano e humilde. Deveria ganhar o prêmio Nobel da Paz. Se ele não pode promover a paz no mundo, ninguém poderá fazê-lo. (K. Mclaughlin)

21. Cresci no Vietnã e sou budista desde criança. Ver o Papa Francisco visitar os Estados Unidos e o modo como as pessoas o receberam fez meus olhos se encherem de lágrimas. Nesse mundo terrível, ele é luz para muitos… não só para os católicos. (D. Huynh)

Ser suporte

uns aos outros

Objetivo ⟶ Identificar que ajudar os irmãos e sustentar sua fé são atitudes do cristão na vida em comunidade.

Acolha os catequizandos e na sequência **explore** a imagem de abertura do tema, pedindo que o grupo expresse as ideias que ela lhe transmite.

Para ajudar a reflexão sobre o tema, **proponha** uma dinâmica.

Providencie cartões nos quais está escrita uma das características de uma comunidade ideal – respeito, colaboração, união, compreensão, amizade, amor, comunicação, doação, serviço. Para realizar a dinâmica, **deixe** no local do encontro um espaço livre no qual os catequizandos poderão movimentar-se em segurança; **disponibilize** algumas camisetas e outras peças de roupas de diferentes tamanhos, cordões ou fitas de aproximadamente 50cm.

Peça que formem duplas e **entregue** uma folha de papel a cada uma. As duplas devem permanecer a igual distância do catequista. **Explique** que a dinâmica consiste em identificar, realizando desafios, algumas características desejadas em uma comunidade cristã; a cada desafio vencido, a dupla recebe um cartão. No desenvolvimento da dinâmica alguns desafios serão realizados por duas duplas reunidas.

Proponha os desafios:

(a) a dupla que primeiro entregar ao catequista uma folha com os nomes completos dos dois integrantes, escritos de maneira legível, receberá o cartão da comunicação;

(b) a dupla que melhor representar uma cena comum da comunidade receberá o cartão do respeito (tempo para preparação: 2 minutos);

(c) a dupla que primeiro vestir as camisetas receberá o cartão da colaboração;

(d) a dupla que melhor representar, por meio de mímica, um ensinamento de Jesus receberá o cartão do amor (tempo para preparação: 3 minutos);

(e) o quarteto (duas duplas reunidas) que primeiro concluir um percurso pré-definido, tendo os pés amarrados com uma fita ou um cordão, receberá o cartão da união;

(f) o quarteto (as mesmas duas duplas do desafio anterior) que melhor cantar receberá o cartão da amizade (tempo para preparação: 3 minutos);

(g) o quarteto (as mesmas duas duplas dos desafios anteriores) que apresentar o melhor *slogan* (frase ou palavra para expressar uma ideia) sobre a vida em comunidade receberá o cartão da compreensão (tempo para preparação: 3 minutos).

Peça que as duplas conversem e, em seguida, compartilhem no grupo: como cada um se sentiu durante a realização dos desafios? Como foi a participação da dupla?

Proponha que, com os cartões recebidos, todos juntos formem uma figura que represente uma comunidade, mas **deixe** que o grupo defina a figura que irão formar. **Pergunte** ao grupo: por que essa figura foi escolhida? Como os desafios podem ser associados à vida da comunidade de fé?

Senhor, escuta a minha voz!

Lembre a ideia central da dinâmica realizada – a comunidade que cumpre seu papel com a participação de todos os seus membros – e **motive** o grupo para a oração que é apresentada no livro.

Comente com o grupo que uma comunidade é lugar de crescimento, mas, também, lugar de desafios constantes, porque nem sempre todos estão preparados para compartilhar e viver em harmonia, superando o individualismo e as dificuldades que podem aparecer. **Recorde** as manifestações dos catequizandos em relação à dinâmica realizada, seus sentimentos e suas percepções para facilitar a compreensão do que significa agir sendo suporte na vida em grupo, em comunidade.

Motive a leitura do texto do livro dos catequizandos afirmando que viver em comunidade, participar da vida em família ou grupo é algo que aprendemos a cada dia, porque exige superar nossos interesses pessoais, olhando mais para o "nós" e menos para o "eu".

Observe a imagem

Oriente os adolescentes a observar a imagem em seus livros: um senhor ensinando xadrez a uma criança. **Comente** que a alegria de qualquer relacionamento depende do modo como agimos uns com os outros. Mas, por que, às vezes, é tão difícil ser gentil ou compreensivo com alguém? Há momentos em que não conseguimos "nos acertar" com as pessoas, como se fôssemos diferentes demais. **Explique** que, nesses momentos, esquecemos que as diferenças tornam cada pessoa única, especial, irrepetível e original. Esquecemos, também, que Deus nos fez singulares e buscamos encaixar a nós mesmos e as pessoas em

shutterstock

categorias como: as populares ou menos notáveis, as legais ou chatas, as bonitas ou feias, as engraçadas ou entediantes, as inteligentes ou medianas... **Comente** que, quando categorizamos as pessoas e nós mesmos, sentimos dificuldade em viver o que Paulo nos ensina na carta aos Ef 4,2: "com toda humildade e mansidão, e com paciência, suportai-vos uns aos outros no amor". Isso porque passamos a escolher a quem dar suporte e a quem ignorar. Nessa carta, aprendemos que a verdadeira comunidade de Cristo e os nossos relacionamentos precisam ser orientados pelo amor ao próximo.

Peça aos adolescentes para que formem duplas e **oriente-os** para que respondam as perguntas em seus livros.

Depois, **faça** um momento de partilha das respostas. O ideal é que cada dupla apresente sua resposta a, pelo menos, uma das perguntas. A partir das respostas, **reforce** aquelas que estiverem coerentes com o ensinamento de Ef 4,2. Quanto àquelas que não alcançarem esse objetivo, **procure** ajudar os adolescentes a refazer a reflexão, inserindo a compreensão correta, apresentando novos argumentos e apoiando-se no grupo como suporte.

> *Dica*
>
> Se possível, **comente** que uma das características capaz de provocar dificuldades nos relacionamentos é a diferença entre as gerações. No caso da imagem, vê-se um senhor com uma criança. Ambos estão dispostos a aprender um com o outro. Respeito, paciência e mansidão são observáveis na imagem. As gerações nada mais são do que conjuntos de pessoas que tiveram experiências diferentes, especialmente em sua infância e juventude. Cada experiência é compreensível no seu contexto e, quando compartilhada, pode servir para o desenvolvimento do outro.

LIGADOS na

Faça uma rápida tempestade de ideias sobre o que seria comparar-se com outras pessoas ou buscar vantagens e privilégios apenas em benefício próprio e incentive os adolescentes para que digam como se sentem em relação a isso. **Comente** que a comparação pode gerar competição e atitudes de exclusão entre as pessoas.

Antes da leitura bíblica, **motive** para a escuta da Palavra de Deus com um canto de aclamação ou um refrão meditativo.

Peça que um dos participantes faça a proclamação da Palavra.

Proclamação da Palavra – Lc 22,24-27

Os discípulos discutiam sobre quem seria o mais importante e quem assumiria os postos-chave do poder. Eles tinham o pensamento do povo judeu, que hierarquizava postos e pessoas, em diferentes situações.

Os discípulos não queriam abandonar seus próprios sonhos; na caminhada para Jerusalém, Jesus catequiza seus discípulos, ensinando a lógica de Deus e os valores do Reino e mostrando que seu projeto não inclui poder ou dominação.

Jesus deixa claro que entre os seus não pode haver uma escala de grandeza, pois só é realmente grande aquele capaz de servir os irmãos; com essas palavras Ele derruba qualquer pretensão de poder na comunidade do Reino, na qual a hierarquia do mundo não pode prevalecer.

Algumas ideias para conversar com o grupo

O texto nos convida a pensar sobre como nos situamos em nossa comunidade de fé e, também, na sociedade. Na comunidade cristã há irmãos iguais, a quem são confiados diferentes serviços em vista do bem de todos. O que deve nos mover é a vontade de servir e partilhar com os outros os dons que recebemos de Deus.

Mesmo em nossos momentos de fraqueza, Deus não deixa de agir em nossas comunidades; sua graça vem até nós para nos moldar e nos refazer, tal como Jesus fez com os doze.

A atitude dos discípulos mostra nossa dificuldade em entender e acolher a lógica de Deus. Mas Jesus é radical: para segui-lo é preciso mudar a mentalidade, abandonar valores egoístas e abrir o coração aos desafios e à proposta de Deus.

Converse com o grupo sobre as ideias sugeridas, e outras que considere importantes. **Motive** a leitura do texto do livro e **convide** para que todos compartilhem seus sentimentos em relação às palavras de Jesus: "entre vós não seja assim" (Lc 22,26).

Comente que Jesus Cristo não fez alarde da sua condição divina, e essa deve ser uma marca do cristão: não correr atrás de reconhecimento, mas expressar seu amor pelo próximo aceitando-o e dando-lhe suporte em sua fé.

Para realizar a atividade com os catequizandos, **escreva** em tiras de papel cada uma das frases do texto *Quem é o seu José?*, apresentadas na página 40 ao final desse encontro.

Reserve a última sentença (de número 9) para si mesmo. **Divida** os adolescentes em oito grupos e **explique** que cada grupo receberá uma tira de papel contendo um breve relato sobre o seu José. **Peça** que, depois de lerem a tira que receberam, cada grupo converse sobre suas impressões: *que tipo de pessoa é o seu José?* **Dê** dicas: é decente, confiável ou gentil? Se o conhecesse na rua, gostaria de ser seu amigo?

Depois de alguns breves minutos, **solicite** ao grupo com a tira de número 1 que a leia para todos e comente quais foram suas impressões sobre seu José. Em seguida, **peça** o mesmo ao grupo com a tira de número 2, e assim por diante. O objetivo é que, ao ouvirem a sequência das cenas, os adolescentes compreendam que detinham apenas um ponto de vista sobre seu José. Depois da leitura e dos comentários dos grupos sobre os textos das oito tiras, **leia** a de número 9, narrada pelo próprio seu José.

Comente que muitas vezes julgamos as pessoas precipitadamente, sem considerar o seu contexto e a sua história. Quando fazemos isso não agimos com solidariedade e construímos relacionamentos desiguais, nos quais vemos o outro como superior ou inferior a nós mesmos. Por verem a si mesmas e aos outros de modo desigual, há pessoas que expressam atitudes egoístas e que beneficiam apenas a si, sem pensar no próximo ou se o estão prejudicando. Jesus nos ensina que não há espaço para atitudes assim em sua comunidade: "entre vós não seja assim" (Lc 22,26). Ele deseja que nos preocupemos uns com os outros e não fiquemos competindo ou nos comparando, buscando prestígio ou lugares privilegiados na comunidade. Isso exige cuidado para não julgar as pessoas a partir de uma impressão, de uma informação.

Finalize o momento apresentando a notícia real que inspirou a atividade que acabaram de realizar. Em 13/05/2015, no Distrito Federal, Mário Ferreira Lima foi preso ao ser flagrado furtando carne em um mercado para alimentar o filho de 12 anos. Há dois dias sem comer, ele foi encaminhado à delegacia, onde narrou a situação precária que vivia com o filho. O delegado informou-o que permaneceria detido até a audiência judicial, em um mês, e Mário se desesperou. Quem cuidaria do filho? Sensibilizada, uma agente policial pagou o valor da fiança e uniu-se a outros policiais, que fizeram compras para ajudá-lo. Com a repercussão do caso, Mário recebeu ajuda e, hoje, está empregado.

Leia mais informações em: <http://g1.globo.com/goias/noticia/2015/05/homem-preso-por-furtar-carne-para-alimentar-o-filho-consegue-emprego.html> Acesso em: 20 out. 2015.

Solicite aos adolescentes que reflitam e respondam individualmente as questões em seus livros. Pode-se pedir para alguns deles que compartilhem suas reflexões.

Recorde com o grupo o que significa participar de uma comunidade e **pergunte**: como podemos ser suporte uns aos outros em nossa comunidade?

Comente que, na comunidade, cada pessoa tem a responsabilidade de ajudar e sustentar a fé dos irmãos, compartilhando carismas e habilidades para o bem de todos. O exemplo que recebemos de Jesus nos leva a olhar para o outro não para nos compararmos a ele, mas para descobrirmos de que maneira podemos servir melhor.

Leia com o grupo o primeiro parágrafo deste item no livro dos catequizandos e **destaque** o questionamento: *como podemos crescer na fé?* Convide para realizarem a atividade.

Providencie uma cartolina ou folha de papel *kraft* para cada grupo de adolescentes; canetinhas coloridas; lápis de cor. **Prepare** um conjunto de cinco cartões para cada grupo, contendo em cada um uma ilustração e legenda, como proposto na sequência.

Ilustrações	Legendas
1. O planeta Terra.	Cuidado com o planeta.
2. Uma Igreja.	Participação na Igreja.
3. Uma família com pais e filhos	A vida cristã na família.
4. Um adolescente rezando em seu quarto.	Cultivar a fé.
5. Um adolescente em meio a um grupo de amigos.	O exemplo cristão entre amigos.

Converse sobre a importância de cultivarmos a fé cristã a partir de atitudes que revelem nosso amor a Deus, ao próximo, a nós mesmos e à Criação. Somente pela prática é que podemos crescer na fé. *Mas pela prática de quê?*

Divida os adolescentes em grupos de cinco participantes. **Oriente** cada grupo a produzir um cartaz com o material disponível, que deverá ser apresentado para os colegas. Nesse cartaz, desenharão ou escreverão *como um adolescente pode praticar a fé*. **Entregue** para cada grupo um conjunto de cinco cartões, sendo um cartão para cada membro, que ficará responsável por um aspecto da vida cristã. A saber:

» Cartão sobre o cuidado com o planeta – pensar em atitudes que o cristão adolescente pode ter para preservar e valorizar a Criação, sem esquecer do consumo consciente de produtos, por exemplo.

» Cartão sobre a participação na Igreja – pensar em atitudes relacionadas ao compromisso de ir à missa, ao envolvimento com ações sociais realizadas pela comunidade, à catequese e às responsabilidades que poderia assumir em sua comunidade.

» Cartão sobre a vida cristã na família – pensar em atitudes que o cristão adolescente pode ter em sua própria casa, no relacionamento com pais, irmãos e outros familiares.

» Cartão sobre cultivar a fé – pensar em quais são as atitudes necessárias para se manter próximo de Deus e dos ensinamentos de Jesus Cristo, tais como rezar, meditar, ler a Bíblia...

» Cartão sobre o exemplo cristão entre amigos – pensar quais são as atitudes entre amigos que revelam o compromisso cristão do adolescente, tais como evitar mentir, não usar drogas, ser justo e não falar mal dos outros.

> **Dica**
>
> Ao esclarecer o que fazer, pode-se restringir os exemplos das atitudes cristãs para não influenciar em excesso os adolescentes durante a atividade. O ideal é apresentar os exemplos conforme forem surgindo as dificuldades e assim motivá-los a incluir as atitudes citadas e criar outras.

Quando os cartazes estiverem prontos, **motive** a apresentação e **valorize** as atitudes pensadas que nos fazem crescer na fé. Ao final de todas as apresentações, **destaque** aquelas que poderiam começar a ser vivenciadas hoje pelos participantes em suas vidas como cristãos. **Comente**, também, sobre as ações que a comunidade realiza e nas quais os adolescentes poderiam se envolver. Se necessário, **apresente** outras atitudes possíveis, complementando a atividade.

Convide os adolescentes a responder em seus livros as perguntas sobre suas habilidades individuais na expressão dessas atitudes cristãs.

O Papa Francisco, destacando o valor da fé daqueles que nos transmitiram esse dom, afirmou:

> "ninguém se torna cristão por si mesmo. Se nós acreditamos e sabemos rezar, se conhecemos o Senhor e podemos escutar a sua Palavra, se o sentimos próximo e o reconhecemos nos irmãos, é porque outros, antes de nós, viveram a fé e a transmitiram a nós. A Igreja é uma grande família, na qual se é acolhido e se aprende a viver como cristãos e como discípulos do Senhor"[3].

Complemente as reflexões realizadas a partir das palavras do Papa Francisco.

 **Motive** a leitura do texto do livro, afirmando que é em nossa comunidade de fé que nos desenvolvemos e crescemos, dando nossa contribuição como sal, fermento e luz. Participando da comunidade e nela aprendendo a viver a unidade e a fraternidade, nos tornamos capazes de semear esses valores no mundo. **Comente** que uma comunidade cristã autêntica olha para a realidade do mundo e cada cristão deve promover os valores do Evangelho em todas as situações da vida – social, familiar, estudantil e profissional.

Após a leitura e discussão sobre o texto do livro, **oriente** para que respondam as questões apresentadas.

Leia e **converse** sobre o texto que está na sequência e **encaminhe** para a atividade proposta.

Convide os adolescentes a refletir sobre a atitude de alguém que os inspirou a agir com bondade, justiça ou solidariedade. Durante a partilha dessas experiências, **converse** sobre quão importante é manter a fé na humanidade para perseverar nos ensinamentos de Jesus, acreditando que o modo como vivemos pode influenciar as pessoas. Caso poucos adolescentes compartilhem exemplos, o ideal é apresentar situações inspiradoras que foram noticiadas pela mídia. São algumas delas:

Jovem ajuda idoso que passava mal em ônibus de Curitiba.

Disponível em: <http://www.gazetadopovo.com.br/vida-e-cidadania/foto-de-jovem-ajudando-idoso-em-onibus-em-curitiba-comove-internautas-5z13aj90pstdvx8heogme10bu> Acesso em: 12 dez. 2015.

Jovens iniciam projeto para ajudar morador de rua a retornar para a faculdade de Direito.

Conheça a página do projeto: <https://www.facebook.com/Ajudando.Laedison/> Acesso em: 20 dez. 2015.

Para saber como o projeto ajudou Laedison, acesse: <https://catracalivre.com.br/geral/genti-leza-urbana/indicacao/depois-de-mobilizacao-coletiva-morador-de-rua-volta-a-frequentar-faculdade> Acesso em: 20 dez. 2015.

---

3   A Igreja – 2. A pertença ao povo de Deus. Disponível em: <http://papa.cancaonova.com/catequese-do-papa-pertenca-do-cristao-a-igreja-250614/> Acesso em: 23 out. 2015.

A página *Vamos juntas?* se propõe a incentivar que mulheres se ajudem umas às outras em situações de risco, mesmo que seja uma desconhecida. A iniciativa reúne depoimentos de humanidade, solidariedade e amor ao próximo.

Disponível em: <https://www.facebook.com/movimentovamosjuntas/> Acesso em: 10 fev. 2015.

Garçonete expressa gratidão pela dedicação de dois bombeiros e recebe uma ação solidária em retribuição.

Disponível em: <http://www.naoacredito.com.br/liz-woodward/> Acesso em: 13 nov. 2015.

Jovem se solidariza pelo trabalho de uma senhora que vendia sabão de porta em porta, e sua ajuda alcança uma repercussão que nunca poderia imaginar.

Disponível em: <http://epocanegocios.globo.com/Informacao/Acao/noticia/2015/05/vendedo ra-de-sabao-caseiro-recebe-pedidos-ate-da-suica-apos-sua-historia-ficar-famosa-na-internet. html> Acesso em: 30 ago. 2015.

É importante ressaltar que o pouco que podemos fazer pelo próximo pode inspirar pessoas a dar suporte umas às outras.

Lembre ao grupo que no mundo convivemos com muitas pessoas que estão sempre competindo, procurando privilégios ou se comparando umas com as outras. Mas Jesus nos chama para termos uma postura diferente, que privilegia os gestos de solidariedade e de comunhão.

Convide, então, os catequizandos para uma breve prece espontânea a partir da manifestação de Jesus: "entre vós não seja assim" (Lc 22,26). **Incentive** que todos digam sua prece em voz alta, mas **respeite** aqueles que não o desejarem.

CRISTÃO de *Prática*

Use as ideias trazidas pelos adolescentes nas preces e **motive** para a leitura do texto. **Diga** que cada um é desafiado a viver o compromisso que assumiu. **Incentive** que escrevam, em seus livros, como se sentiram assumindo o compromisso durante a semana.

Quem é o seu José?

1. **O vizinho:** Parecia boa gente o seu José. Homem trabalhador. Tinha um filho para criar. Dona Helena, a esposa adoentada, mal conseguia ficar de pé, mas seu José a ajudou até ser tarde demais. A mulher se foi cedo. Seu José parecia boa gente... até começar a roubar. Todo mundo viu quando a polícia apareceu na casa dele. O filho dele parecia tão assustado, coitado. Seu José deixou de ser homem direito.

2. **A desconhecida:** Lá vem aquele senhor de novo! Desce a ladeira em passos lentos, meio trôpegos. Acho que sempre está bêbado. Já cansei de dizer que não tenho dinheiro para lhe dar! Nossos horários coincidem. Quando estou saindo de casa, ele está vindo. Pede trocados ou comida, mas não quero lhe dar. Se fizer uma vez, pode se tornar hábito. Não gosto quando chega perto... cheira mal.

3. **O chefe:** José está espantando os clientes. Sua aparência desleixada, os cabelos desgrenhados, os olhos fundos... não dá para continuar. Já disse que precisa trocar de roupa, tomar um banho e ir a um bom barbeiro, mas nem parece se importar. Ele até que é pontual, mas está sempre com pressa para ir embora. Tá na hora de procurar outro sapateiro.

4. **O padeiro:** Vou ter de chamar a polícia! Ele está rondando de novo. Por duas vezes lhe dei alguns pães e agora sempre vem até a porta da padaria, esperando. Maldito dia em que fui bondoso. Agora, o pedinte acha que tem o direito de receber pães de graça! Se ele ousar entrar com essas roupas sujas, vou expulsá-lo.

5. **A testemunha:** A senhora estava andando na calçada e mexendo na bolsa. Eu vi quando a nota de 10 reais caiu no chão. Eu já ia lhe dizer que perdera dinheiro, mas um cara roubou a nota e saiu correndo! Ele se vestia mal e parecia inofensivo, mas correu como um jovem atleta assim que viu a oportunidade de roubar. Que sem-vergonha! Ladrão de idosos... aonde esse mundo vai parar?

6. **O comerciante:** Eu desconfiei dele assim que entrou na mercearia. Andou entre as prateleiras com o corpo tenso, olhando para os lados, muito suspeito. Eu fiquei observando, já prevendo o que aconteceria. Pegou um pacote de pão, mortadela, queijo e leite. Parou no corredor, encarou os produtos e escondeu os frios embaixo da camiseta puída. Ah, sabia! Dessa você não escapa!

7. **O policial:** Dia agitado. Muitas denúncias, prisões e rondas. Estava agora numa mercearia. O homem à minha frente foi acusado de furto. Tremia e chorava o coitado. Sujo e maltrapilho, parece que tentou furtar comida. Encarei o dono da mercearia. Se prosseguisse com a denúncia, o homem seria preso. Não gosto de prender quem rouba por sentir fome.

8. **O filho:** Meu pai deveria ter chegado há quatro horas. Estou com medo. Meu estômago dói de fome. Já é noite, e nem almocei. Onde meu pai está? Ele sempre volta. Suado, cansado, mas volta. Ele diz que a vida está difícil, mas vai melhorar. Não temos gás para cozinhar, a luz se foi e a água está cortada. Meu pai me diz para tomar banho, mas sei que não faz o mesmo para economizar o que ainda restou na caixa. Eu me lavo rapidinho, não sei o quanto vai durar. Cadê você, pai?

9. **O próprio seu José:** O carro de polícia estacionou na frente de casa. Eu ainda tremia de nervosismo. Saí da viatura acompanhado pelo policial que me prendeu. Meu filho abriu a porta da sala e veio correndo para me abraçar. Choramos juntos. Contei a ele que roubei comida. Contei que me envergonhava. Contei que só queria lhe dar uma refeição decente, mas agi errado. Contei que fui preso. Então, contei que minha fiança foi paga pelo policial ao meu lado. A compaixão dele me permitiu voltar para casa.

5

A pessoa
em primeiro lugar

Objetivo → Compreender o valor da compaixão e do amor nos relacionamentos como critérios da justiça.

Inicie a reflexão sobre o tema, **pedindo** que descrevam situações de respeito e de desrespeito que presenciaram ou das quais tomaram conhecimento pela mídia. **Pergunte** em que se baseiam para considerar respeitosas ou desrespeitosas tais situações.

Peça que observem a imagem de abertura do tema; que pensamentos ela motiva?

A partir da leitura do texto do livro, **converse** sobre o desafio que é nos relacionarmos com os outros sem querer impor nossas ideias; **lembre** que podemos discordar do pensamento de alguém, mas devemos respeitá-lo. **Pergunte** como cada um reage diante de opiniões diferentes da sua e **peça** que escrevam no livro.

Fale sobre o costume de julgar as pessoas, especialmente aquelas que vemos como "diferentes" de nós.

Peça que leiam o diálogo da ilustração do livro em seus livros e **convide** para partilharem o que pensam sobre como às vezes não percebemos a crueldade de nossas opiniões. **Converse** sobre por que damos tamanha atenção àquilo que é diferente de nós e muitas vezes expressamos o que sentimos ou pensamos sem nos preocuparmos com o próximo.

Leia a frase abaixo da ilustração do livro e **comente** sobre a importância de valorizarmos a dignidade das pessoas acima das aparências, de suas opiniões, de suas crenças, de suas atitudes e de sua cultura. **Converse** sobre a importância de se ter compaixão pelo próximo para expressar respeito à sua identidade e a tudo aquilo que o torna diferente de nós.

LIGADOS na

Motive para a leitura no livro do catequizando e a escuta da Palavra de Deus com um canto de aclamação ou um refrão meditativo.

Peça que um dos participantes faça a proclamação da Palavra.

Proclamação da Palavra – Lc 6,37-42

É da vontade de Deus que façamos um pouco da experiência do Reino dos Céus; isso só é possível se respeitarmos o próximo, enxergando nele a presença de Deus que existe em todas as pessoas, quer as consideremos boas ou não.

Nossa vida deve ser marcada pela compaixão que nos move para promover a dignidade de cada pessoa, especialmente dos mais desprotegidos e necessitados.

Vivemos em um mundo muito competitivo e somos provocados a ser melhores naquilo que fazemos, temos ou somos; para sermos melhores nós nos comparamos aos outros, observamos como fazem, o que têm ou como são, e nessa comparação, na verdade, estamos julgando os outros.

Algumas ideias para conversar com o grupo

Jesus curava as pessoas como um sinal da compaixão de Deus, que perdoa porque se coloca no coração da pessoa.

O amor de Deus nos faz todos iguais; não seremos questionados sobre quantos terços rezamos nem de quantas missas ou novenas participamos, mas quanta justiça, compaixão e misericórdia praticamos em nossa vida com nossos irmãos. Jesus insiste que devemos compreender o outro, seus problemas e dificuldades, e enxergar além dos seus erros e acertos, de suas alegrias e angústias.

Não basta ter gestos de caridade para acalmar a consciência, é preciso ter compaixão e atitude. A compaixão nos faz pensar como aliviar o sofrimento das pessoas e ajudá-las a ser felizes. O egoísmo e a indiferença são fruto de um mundo sem compaixão.

Motive uma reflexão sobre o texto bíblico e **peça** que os catequizandos o leiam mais uma vez, em silêncio. Em seguida, **leia** e **converse** sobre o texto que está no livro e a questão: como você gosta de ser tratado?

Ressalte que o amor ao próximo se revela no modo como nos relacionamos com as pessoas, especialmente em situações de conflito de interesses, opiniões ou crenças.

Oriente para a reflexão sobre as questões: como somos em relação às pessoas? Nós oferecemos a elas o que exigimos (respeito, justiça, solidariedade...)?

Converse sobre a importância de acolher as pessoas reconhecendo nas diferenças o que as faz únicas, mesmo quando não concordamos com suas opiniões ou crenças.

Apresente as três situações mencionadas no livro e **peça** que o grupo converse sobre elas, suas motivações e suas consequências. **Pergunte**: há semelhanças entre essas atitudes? O que Jesus diria sobre elas? **Peça** que procurem a atitude mencionada no caça-palavras (resposta: *compaixão*).

Explique que compaixão não deve ser confundida com pena (lamento), pois esta é uma emoção passiva que não nos envolve com o sofrimento dos outros. *A compaixão é o desejo de aliviar ou* *minimizar o sofrimento do outro e de compartilhar esse sofrimento, que nos leva a uma ação para ajudá-lo.* Ela envolve a empatia, ou seja, a capacidade de se colocar no lugar do próximo e agir em seu acolhimento e suporte.

Comente que quando Jesus diz que do modo como julgarmos seremos julgados, Ele nos convida a refletir sobre como está o equilíbrio entre o que exigimos e o que oferecemos às pessoas. Se não as ajudamos em um momento de necessidade, por que esperamos ser ajudados? Se não respeitamos suas opiniões quando diferentes das nossas, por que esperamos que nossas opiniões sejam respeitadas? Nesse Evangelho, Jesus nos alerta para que nosso olhar sobre o outro seja compassivo. Ele quer que nosso olhar sobre as opiniões, os sentimentos e as crenças do outro seja inspirado no olhar que dedicamos a nós mesmos. Sem compaixão, não há como expressar amor ao próximo. E sem amor ao próximo, não há como ser cristão.

Dramatização coletiva

Providencie uma cartolina com a definição de compaixão (*A compaixão é o desejo de aliviar ou minimizar o sofrimento do outro e de compartilhar esse sofrimento, que nos leva a uma ação para ajudá-lo.*); **organize** uma caixa com materiais diversos para a dramatização (perucas, plumas, chapéus, bigodes, xales ou lenços, luvas, casacos, entre outros).

Convide os catequizandos a ler em seus livros as cenas que serão dramatizadas.

Converse sobre muitas vezes não sabermos dos problemas que as pessoas enfrentam. Quando desconhecemos o sofrimento do próximo, a nossa sensibilidade fica prejudicada. **Faça** uma tempestade de ideias sobre o possível futuro de Helena e sua mãe nessa sequência de cenas, quando retornaram às ruas. Procure ser realista e, se a situação permitir, **converse** sobre a invisibilidade dos moradores de rua que provavelmente carregam histórias dolorosas como essa.

Divida os adolescentes em até cinco grupos. **Peça** a cada grupo que se responsabilize por uma ou mais cenas para dramatizá-la. **Incentive** para que criem o cenário, as falas e reações dos personagens. Depois, **peça** que conversem como

as vidas de Helena e sua mãe poderiam ser diferentes em cada cena se as pessoas envolvidas sentissem compaixão e as ajudassem. **Ressalte** que a ajuda não precisa ser a ideal, mas algo que lhes desse conforto ou condições mínimas para sobreviverem. Como seria se, na primeira cena, a professora decidisse levar à coordenação da escola a situação de Helena? Como seria se um dos colegas de Helena conversasse com os pais e, quem sabe, eles fizessem uma denúncia anônima ao Conselho Tutelar? Na segunda cena, como seria se um dos comerciantes decidisse contratar a mãe de Helena mesmo com a falta de experiência? E se, na terceira cena, a patroa tivesse oferecido todos os direitos à mãe de Helena?

Dica

Se desejar, apresente alguns relatos de moradores de rua para sensibilizar e facilitar a reflexão. Sugere-se o uso da página SP Invisível como fonte: <https://www.facebook.com/spinvisivel/?fref=ts> Acesso em: 26 jan. 2015.

Procure **fazer** perguntas para cada cena a fim de dar exemplos de como refletir sobre as mudanças que a sequência dessa história poderia sofrer a partir do momento em que uma pessoa sentisse compaixão e decidisse ajudá-las. Então, **peça** que preparem uma segunda dramatização desse desfecho diferente, incluindo a compaixão nas atitudes das pessoas.

Assim, cada grupo fará duas dramatizações: uma representando a cena tal como está descrita e outra sobre como a cena poderia ser alterada a partir da compaixão das pessoas que poderiam ter ajudado Helena e sua mãe. **Incentive** para que os grupos façam uso dos materiais para enriquecer as dramatizações. Após as apresentações, **comente** sobre como a compaixão é um dos sentimentos que mais revelam amor ao próximo, pois depende da sensibilidade e do interesse genuíno pela prática do bem.

Convide os catequizandos para uma breve prece espontânea a partir da manifestação de Jesus: "será usada para vocês" (Lc 6,38).

Converse com os adolescentes sobre a importância de ver uma mesma situação sob vários ângulos para compreender as pessoas do modo mais sensível possível. Podem-se **utilizar** vídeos para promover a reflexão:

» Curta-metragem de mulher em situação de risco que é salva por um homem mudo de aparência suspeita. É importante explorar o que nos leva a julgar alguém negativamente (quais são os estereótipos e conceitos envolvidos).

Disponível em: <https://www.youtube.com/watch?v=V9DinITutsc> Acesso em: 15 out. 2015.

» Experimento social no qual um homem finge perder sua carteira e um desconhecido a pega. O desconhecido em questão apresenta vários comportamentos suspeitos, mas no final se revela justo e honesto. É importante, problematizar o preconceito por trás do julgamento racista que motivou o organizador do experimento a julgar equivocadamente o desconhecido.

» Disponível em: <https://www.youtube.com/watch?v=P_Fg78kcXAY> Acesso em: 25 out. 2015.

Caso não seja possível utilizar vídeos ou deseje complementar a reflexão, **apresente** a situação:

Uma mulher jovem, sem necessidades especiais, estaciona o veículo numa vaga preferencial. Questione o que pensam sobre o assunto e problematize a relevância das vagas preferenciais para os que delas necessitam. Depois que os adolescentes se posicionarem a favor de quem precisa das vagas preferenciais, levante a hipótese: e se a mulher em questão estivesse correndo contra o tempo e estacionou próximo ao banco para pagar um procedimento de urgência, como a cirurgia cardíaca da própria mãe? Ela teria estacionado na vaga preferencial correndo o risco da multa por uma causa nobre. O que pensam sobre isso? Fariam o mesmo?

Dica

Convém ressaltar que nem sempre teremos uma "resposta pronta" para circunstâncias assim, mas é papel do cristão ser capaz de avaliar as situações além das aparências e julgá-las considerando todas as suas facetas. Quando julgamos alguém sem conhecer seu contexto e suas motivações corremos o risco de nos afastarmos da justiça de Deus.

A partir dessas problematizações sobre o quanto nossos julgamentos podem ser equivocados e limitados, sugere-se **refletir** com os adolescentes sobre as seguintes frases:

» **A sinceridade encontra seu limite nos sentimentos do outro.** Se magoamos as pessoas simplesmente porque "fazemos questão" de ser sinceros, convém reavaliar se não somos, na verdade, grosseiros. Ao expressar opiniões, é importante reconhecer o melhor momento, a relevância e o modo mais sensível de fazê-lo. Seremos, dessa forma, compassivos com as pessoas e nosso direito de expressar como nos sentimos será tão valorizado quanto o direito do próximo de ser respeitado. Convém afirmar que não se trata de omitir nossas opiniões para evitar magoar alguém, mas cuidar dos sentimentos de quem as receberá, escolhendo agir com compaixão em nossas palavras e atitudes.

» **Discurso de ódio não é liberdade de expressão.** Cada pessoa tem direito a ter sua opinião, mas é importante reconhecer quando nossas expressões soam preconceituosas e incitam a violência. Jesus ensina que, independente das nossas opiniões, devemos reconhecer o valor de todas as pessoas e proteger sua dignidade, agindo sempre com compaixão.

É importante **ressaltar** que o julgamento aplicado aos outros deve ser o mesmo aplicado a si próprio. Isso porque nossas opiniões não podem variar segundo o que nos convém, de modo que ao considerar errado quando alguém fura a fila, por exemplo, o correto é não fazer o mesmo.

Após a reflexão, **oriente** os adolescentes para que façam as atividades do seu livro. Se necessário, **corrija** os conceitos sobre o que seria sinceridade e o que seria discurso de ódio. **Ressalte** a importância da compaixão em cada exemplo que eles criarem.

Questione: todas as pessoas gostam da justiça, mas quando a justiça defende seus interesses e direitos; concordam com esse pensamento? Por quê?

Explique que a justiça feita pelos homens tem por base valores e critérios humanos, que nem sempre são os critérios de Deus. Se não soubermos unir a compaixão à justiça seremos inutilmente severos e profundamente injustos, pois a compaixão é a base da justiça verdadeira e da caridade.

Pergunte: o que é ser justo? E como é a justiça de Deus?

Dedique um tempo para as respostas.

Motive a leitura do texto do livro do catequizando e **comente** com o grupo sobre a diferença entre a justiça que Jesus ensina, envolvendo compaixão, e a justiça que procura satisfazer um desejo de vingança.

Para facilitar a reflexão, pode-se **apresentar** como exemplo a vida de Maria Ribeiro da Silva Tavares, assistente social que desde 1936 cuidava de detentos. Ela foi a pioneira dos Patronados no Brasil, instituições para o cumprimento de penas em regime aberto ou semiaberto. Ao identificar que a maior causa da delinquência eram os lares desajustados, baseou seu método no diálogo, respeito e confiança.

Saiba mais: <http://brasil.blogfolha.uol.com.br/2014/09/19/presos-tomam-conta-de-mulher-de-102-anos/> e <http://www1.folha.uol.com.br/cotidiano/2014/09/1519655-morre-aos-102-anos-assis ten-te-social-gaucha-que-cuidava-de-presos-no-rs.shtml> Acesso em: 30 out. 2015.

Oriente os adolescentes para que respondam as perguntas em seu livro. Para isso, **incentive-os** a pensar sobre como viver a justiça de Deus nas diferentes esferas da sociedade: família, escola, trabalho, Igreja e outros.

Senhor, escuta a minha voz!

Motive o grupo para o momento de oração. **Faça** um instante de silêncio para que cada um possa olhar para dentro de si a partir das reflexões feitas no encontro, e **convide** para que juntos rezem a oração que está no livro.

CRISTÃO de Prática

Motive para o compromisso a ser assumido. **Insista** que o princípio da justiça é tratar cada pessoa como pessoa, e sempre que os seres humanos são tratados como se fossem coisas, a justiça é violada. **Lembre** que procurar compreender cada pessoa em suas necessidades, demonstrar respeito e não julgar é procurar praticar a justiça.

Leia com o grupo a proposta para ser praticada durante a semana e **insista** para que cada um escreva em seu livro a situação na qual souberam ter o mesmo olhar compassivo de Jesus.

Acolher
uns aos outros

Objetivo ⟶ Compreender a importância e a necessidade de acolher cada pessoa com suas fragilidades e comprometer-se a aceitá-la como é, sem deixar de ajudá-la a aprimorar-se.

Inicie o encontro comentando com os adolescentes que, como discípulos de Jesus, devemos colocar sempre a pessoa em primeiro lugar e agir com compaixão.

Peça que os catequizandos observem a imagem de abertura do tema e, em pequenos grupos, apresentem palavras que associam à imagem.

Explore que quando colocamos a pessoa em primeiro lugar, nós somos chamados a acolhê-la com suas limitações e a aceitá-la como é.

Leia com o grupo o texto do livro e **converse** sobre a cena apresentada, motivando os adolescentes a expressar suas ideias sobre a situação descrita. **Explore:** o que motivou a juíza a ter aquela atitude, qual o sentimento do homem diante dela e quais consequências as palavras da juíza podem ter provocado na vida dele. **Peça** que escrevam em seus livros o que pensam sobre a atitude dessa juíza.

Após a leitura do texto, **comente** o sentido das palavras do apóstolo Paulo. **Pergunte:** o que significa corrigir, encorajar, amparar? Que importância isso pode ter em nossas relações com as pessoas a nossa volta?

Motive o grupo para a escuta da Palavra com um refrão meditativo.

Peça que um dos participantes faça a proclamação da Palavra ou, se preferir, faça de forma dialogada (escolha, para isso, os catequizandos que participarão da leitura).

Proclamação da Palavra – Lc 7,36-50

Criados à imagem e semelhança de Deus, participamos da sua justiça; e, como Ele é Amor, esse deve ser o critério único e verdadeiro da justiça para nós.

A mulher não se importou com o que as pessoas diriam sobre sua presença naquela casa; seu gesto foi amoroso e penitencial. Mas, para as pessoas que o presenciaram, acostumadas a julgar os outros, a atitude da mulher foi escandalosa.

Há uma grande diferença entre as atitudes de Jesus e das outras pessoas, porque Ele não julga apenas o fato, mas dá chance à mulher de se deixar transformar. Julgar e marginalizar não geram vida nova; só o amor, a justiça e a misericórdia alcançam o coração e são capazes de provocar uma resposta de amor.

Algumas **ideias** para conversar com o grupo

A atitude de Jesus traz uma nova visão sobre a condição da mulher, devolvendo-lhe a dignidade e a igualdade de direitos. Embora não seja o tema central desse encontro, é sempre possível e importante trazer à discussão a discriminação que as mulheres sofrem ainda hoje e suas consequências.

É esse Deus misericordioso que devemos mostrar ao mundo, especialmente aos desprezados e excluídos pela sociedade, sem julgá-los nem condená-los.

Os diferentes olhares mostram o que está no coração de quem olha: o olhar orgulhoso do fariseu, desprezando a mulher e até mesmo desconfiando de Jesus; o olhar humilde da mulher, reconhecendo-se pecadora e necessitada da misericórdia de Deus, que encontra no gesto acolhedor de Jesus; o olhar misericordioso de Jesus, valorizando o gesto amoroso da mulher e censurando a arrogância do fariseu.

Após a reflexão sobre o Evangelho, **oriente** para que os catequizandos façam a atividade em seus livros. **Peça** que lembrem a cena bíblica lida e procurem entender sensivelmente as atitudes de cada um dos personagens. **Oriente** para que, ao relacionarem as perguntas com as respostas, o façam lendo-as com a disposição de assimilar seu valor e ensinamento para a vida cristã.

Abaixo, apresentam-se as respostas na ordem correta:

Que situação o texto apresenta?
Os fariseus seguiam cegamente a Lei e, como muitas pessoas, eram preconceituosos. Jesus, sem se preocupar com a opinião dos outros sobre suas atitudes, demonstrou que amar é mais importante do que obedecer a leis e tradições.

Quem era a mulher para o fariseu? Quais sentimentos nutria por ela?
Para o fariseu, a mulher que chegou a sua casa era uma pecadora e, portanto, não tinha o direito de aproximar-se de ninguém, muito menos de quem cumpria a lei; ele apenas a condenava e criticou Jesus por não a rejeitar.

O que era importante para a mulher? Como lidava com a opinião das pessoas diante do que era importante para ela?
Para a mulher, lavar e perfumar os pés de Jesus era um reconhecimento das suas faltas e um pedido de perdão; não importava a opinião das pessoas, ela queria colocar-se de maneira afetuosa e reconhecida diante de Jesus.

O que era para Jesus o gesto da mulher? O que Ele fez?
Para as outras pessoas, acostumadas a julgar e condenar, o gesto da mulher era um escândalo. Mas, para Jesus era um gesto do mais puro amor, e Ele acolheu a mulher do jeito como ela se apresentou diante dele.

Refletindo sobre nossas atitudes

Providencie folhas de papel sulfite e canetas. **Entregue** uma folha para cada adolescente e **peça** que escrevam na parte superior uma frase, a ser completada pelos colegas, que envolva um problema de relacionamento e os leve a pensar sobre como reagiriam na situação descrita. Veja, ao lado, os exemplos que podem ser dados.

Oriente para se sentarem em um círculo e completarem sua própria frase. Depois, **peça** que passem sua folha ao colega da direita para que também a complete. **Destaque** a importância de serem honestos e não

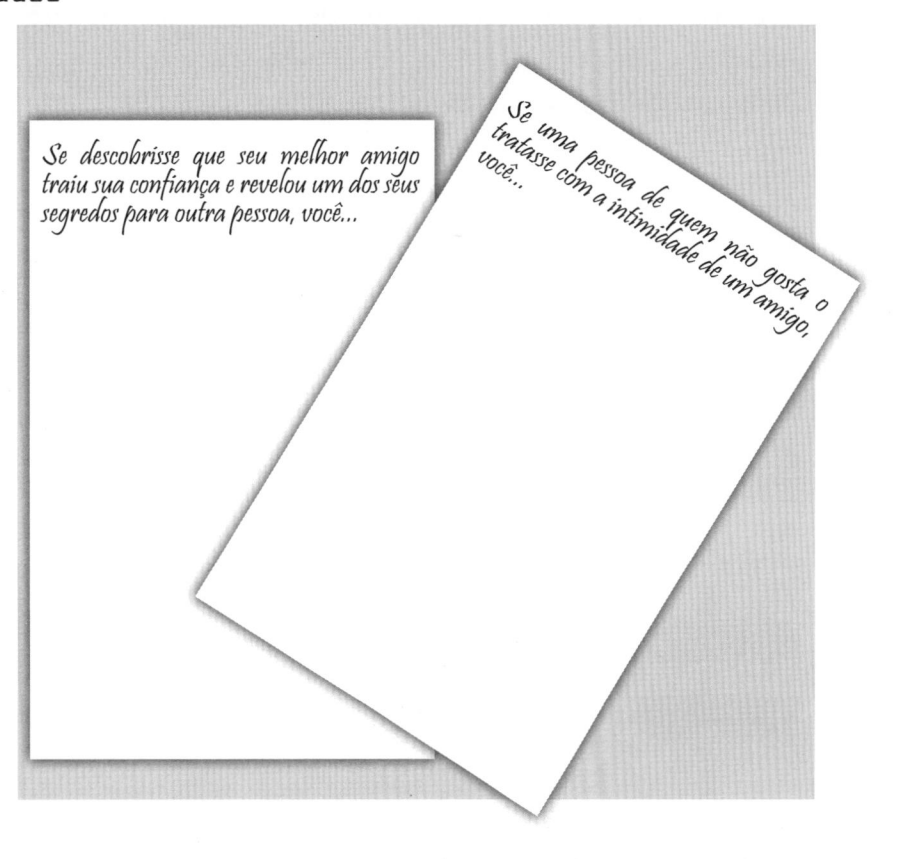

Se descobrisse que seu melhor amigo traiu sua confiança e revelou um dos seus segredos para outra pessoa, você...

Se uma pessoa de quem não gosta o tratasse com a intimidade de um amigo, você...

pensarem demais sobre como responder, de modo a serem espontâneos em suas respostas. **Repita** o processo até que todas as frases tenham sido completadas por cada adolescente.

Promova um momento de partilha das respostas que mais atraíram a atenção do grupo, e **explore** as razões que os levaram a completar as frases dessa forma. **Aproveite** para relacionar as opiniões com os ensinamentos do texto bíblico sobre a importância de reconhecer o valor de cada pessoa.

Motive a leitura do texto do livro, destacando as diferenças entre as atitudes do fariseu, da mulher, das outras pessoas e de Jesus.

Questione o grupo sobre ser ou não possível viver segundo o exemplo de Jesus. É uma utopia o modelo de vida que Ele nos apresenta? Por quê? **Diga** que precisamos entender que só podemos ter Jesus como modelo se acreditarmos que é possível

viver como Ele nos pede, pois não dá para viver seus ensinamentos se quisermos seguir apenas nossa própria forma de pensar.

Explore essas ideias com o grupo, incentivando cada um a colocar seu entendimento:

» Em algum momento da vida nós definimos um objetivo para atingir ou um sonho para conquistar. Ao tentarmos realizá-los, muitas vezes nós erramos e isso é comum a todas as pessoas. Quando erramos, aprendemos e temos a chance de corrigir nosso erro; quando ajudamos alguém a corrigir um erro cometido demonstramos ter aprendido com Jesus.

» É hipocrisia (isto é, fingir ter virtudes, bons sentimentos ou opiniões agradáveis) apontar os erros de alguém e querer julgar as pessoas, porque nós também cometemos erros.

Após a leitura do texto que está no livro, **converse** sobre a melhor atitude que devemos ter diante das pessoas que, de alguma maneira, erraram: ajudá-las a corrigir o erro, aceitá-las e integrá-las, quando necessário, ao convívio na sociedade. **Associe** essas ideias ao pensamento de São Paulo e **ajude** o grupo a responder a questão proposta.

Convide os catequizandos para uma breve prece espontânea a partir da manifestação de Jesus: "tenho uma coisa para dizer-te"(Lc 7,40).

Proponha que, em duplas, façam a atividade do livro. Após as leituras indicadas, cada dupla deverá conversar sobre as atitudes da juíza, do fariseu e de Jesus e, também, do suspeito da notícia e da mulher pecadora do texto bíblico. **Ajude** os catequizandos a identificar semelhanças e diferenças entre essas atitudes para que possam completar a atividade.

Converse com o grupo sobre as situações apontadas no texto e **pergunte** aos adolescentes se conhecem outras semelhantes. O importante é perceber nossa incoerência quando agimos como nas situações mencionadas. **Motive** para que pensem sobre as atitudes que devemos ter.

Confessando nossas fragilidades

Providencie uma caixa ou bolsa de tecido que torne difícil ver seu conteúdo, folhas de papel sulfite e canetas. Se possível, **coloque** uma música instrumental suave para tocar durante a atividade.

Peça aos adolescentes para que se sentem em círculo e divida-os em dois grupos.

Entregue uma folha de papel e uma caneta para cada adolescente. **Afirme** que esse é um importante momento para o grupo, pois contaremos com discrição, respeito e confiança uns dos outros. **Informe** que os adolescentes do primeiro grupo escreverão um relato pessoal sobre um erro que cometeram e do qual se envergonham. É uma confissão sobre algo que consideram constrangedor e que pode ter ferido alguém com quem se importam. **Informe**, então, que os adolescentes do segundo grupo escreverão um relato pessoal sobre a atitude de alguém que os magoou. Confessarão se perdoaram ou não e como se sentiram com a situação. **Afirme** para ambos os grupos que não precisam se identificar no relato, será anônimo, e (se quiserem) poderão escrever uma situação inventada por eles, fictícia. Não saberemos se é real ou não. O importante é que todos seremos respeitosos e acolheremos cada texto como verdadeiro.

Depois que forem concluindo seus textos, **peça** que dobrem o papel e o depositem na caixa ou bolsa. Assim que todos concluírem, **agradeça** a coragem e a confiança que estão expressando no grupo. **Misture** os papéis, balançando a caixa ou a bolsa, e **convide** cada adolescente a pegar um papel. Caso alguém pegue o seu próprio relato **esclareça** que não há necessidade de troca. **Peça** que, em silêncio, leiam o relato escrito e procurem se sentir no lugar dessa pessoa. **Dê** alguns minutos para isso e, em seguida, **peça** a quem se sentir à vontade para apresentar ao grupo o relato lido como se fosse seu. É importante que os adolescentes não leiam os relatos, mas os narrem com suas próprias palavras como se o acontecimento fosse deles. É importante acolher cada um dos relatos com expressões de empatia, tais como: "Imagino como essa situação foi difícil para você, obrigado por compartilhar conosco"; "Eu espero que hoje você não se sinta dessa maneira, você foi corajoso em suportar essa situação"; "Entendo como se sente". Ao expressar frases empáticas em resposta aos relatos está-se oferecendo modelo sobre como acolher os sentimentos das pessoas sem julgamento.

A atividade não consiste em julgar uns aos outros, mas em fortalecer o vínculo entre os adolescentes; reconhecer que todos carregamos o peso de nossas escolhas; entender que, embora diferentes, partilhamos muitas vezes as mesmas dores e angústias; e assumir uma postura cristã diante do sofrimento do próximo.

Ao final da atividade é importante perguntar como se sentiram ao ler os relatos como se fossem seus. Quando os adolescentes começarem a partilhar suas opiniões, **motive-os** a responder: *se você pudesse dizer algo a essa pessoa que escreveu o relato, o que seria?* É nesse momento que os adolescentes poderão, por si mesmos, expressar empatia uns pelos outros.

Conclua recolhendo os relatos outra vez e dizendo que tomará providências para queimá-los (se possível, pode-se fazê-lo diante dos adolescentes). Convém que esses relatos, tais como segredos, não sejam disponibilizados a mais ninguém. São relatos reservados apenas ao grupo. **Reforce** que não devem comentar com amigos ou outras pessoas o que ouviram ou leram nessa atividade, pois são conteúdos pessoais e foram apresentados ao grupo na crença de que somos confiáveis.

Finalize a reflexão com o texto do livro do catequizando.

CRISTÃO de *Prática*

Apresente o compromisso a ser assumido a partir da seguinte frase: o mundo hoje está carente de ouvidos, em especial, ouvidos ligados ao coração. **Incentive** os catequizandos a dizer como compreendem essa frase e como está relacionada ao texto do Evangelho segundo Lucas.

Motive a leitura do texto do livro e explique o compromisso a ser assumido. **Destaque** a importância de ouvir o outro para sabermos acolhê-lo como é. **Lembre** que cada um deve escrever em seu livro como se sentiu na conversa que teve, o que foi mais difícil e como a outra pessoa reagiu.

Questione o grupo: temos sido honestos ou vivemos nossa fé com fingimento? **Fale** sobre a honestidade que deve existir em nossas relações – com as outras pessoas e com Deus. **Leia** o texto do livro, repetindo, se necessário, as palavras do apóstolo Paulo e **explique** que só nós mesmos podemos avaliar a sinceridade da nossa relação com Deus.

Proponha um instante de silêncio para que cada catequizando olhe para si e pense: tenho sido sincero com Deus?

Peça que escrevam sua oração no livro.

7

Faço o que é preciso fazer

Objetivo →| Compreender o valor das obrigações do cristão como contribuição para a construção do Reino de Deus.

Acolha os catequizandos e **explore** a imagem de abertura do tema, pedindo que o grupo expresse as ideias que ela lhes transmite.

Lembre que Jesus era muito comprometido com o seu tempo e nos deixou muitos exemplos de como devemos viver e quais valores guardar. **Destaque** que viver como Ele envolve desprendimento, dedicação, entrega de tempo...

Motive a leitura do livro e **converse** com o grupo sobre o significado da palavra obrigação. **Pergunte** como ela é compreendida pelos adolescentes e **peça** exemplos do dia a dia. **Comente** que na maioria das vezes entendemos que uma obrigação tem o significado apresentado no livro. Mas, obrigação é necessidade moral, é compromisso. **Explique** que, entendendo assim, percebemos que, como cristãos, temos o dever de cumprir bem nossas obrigações, assumindo nosso compromisso com o Reino de Deus e sendo responsáveis por aquilo que somos e fazemos.

LIGADOS na Palavra

Explore com o grupo o texto no livro do catequizando sobre Miguel e seu pai e **pergunte** o que os adolescentes pensam sobre o fato descrito. Já passaram por uma situação parecida? Quando e com quem? Como reagiram? Depois de ouvir o grupo, **peça** que escrevam no livro o que cada um pensa sobre a atitude do Miguel.

Comente que todas as pessoas têm obrigações a cumprir. Depois de uma partilha sobre as obrigações de cada pessoa (como filhos ou pais, como professores ou alunos, como médicos, políticos, guardas de trânsito...), **peça** que escrevam em seus livros as obrigações que têm e como se sentem ao cumpri-las. Depois, **questione** se algum dos catequizandos já agiu como o Miguel e qual foi a sua experiência.

Motive o grupo para a escuta da Palavra de Deus com um refrão meditativo.

Convide um dos adolescentes para proclamar a Palavra.

Proclamação da Palavra – Lc 17,7-10

Jesus fala sobre nossa relação com Deus. Precisamos abandonar a ideia de recompensas e direitos, pois o próprio Jesus se fez nosso "servidor".

Não podemos esquecer Maria. Muito tempo antes de Jesus dizer as palavras desse Evangelho, sua Mãe se declarou serva do Senhor. Peçamos sempre a nossa mãe Maria que ela nos ajude a ser servos fiéis de seu Filho Jesus.

Algumas **ideias** para conversar com o grupo

Usando nossa liberdade nos tornamos disponíveis à ação de Deus e somos motivados para o serviço aos irmãos com generosidade e gratuidade.

Jesus fala "empregado", não "escravo", e empregados têm direito a salário. Nosso salário é o que Deus faz por nós e nos dá. Todos os dias Ele nos dá novos dons e pede nossa colaboração para fazer o seu Reino acontecer no nosso mundo. Somos servos inúteis, mas Deus quer precisar de nós, fica "agradecido" quando obedecemos a sua vontade e nos confia sempre mais a cada dia.

Nossa recompensa é dom da bondade e da misericórdia do Senhor, que não esquece aquele que ama e dá o melhor de si, mesmo sem fazer nada além da sua obrigação.

Quando trabalhamos pelo Reino a nossa caminhada já é uma recompensa, porque dia após dia a graça de Deus vem sobre nós e nos fortalece a continuar nosso trabalho.

Convide o grupo para uma reflexão sobre a parábola bíblica, conforme as ideias sugeridas. **Recorde** as ideias apresentadas anteriormente, e **destaque** que devemos procurar sempre fazer o bem, compreendendo qual a verdadeira recompensa que recebemos.

Fale sobre servos (ou empregados) e escravos; **aproveite** para destacar que não podemos concordar que uma pessoa seja mantida como escrava de outra, porque assim tem ferida sua dignidade de pessoa humana e atingida sua liberdade de filho(a) de Deus.

Motive uma partilha sobre a questão proposta por Jesus no texto bíblico e **peça** aos catequizandos que escrevam o que Ele quer nos dizer com a sua pergunta.

Converse com o grupo sobre a compreensão do que é obrigação para quem segue Jesus. **Motive** para a leitura do texto e comente que apenas ser cuidadoso com as leis e cumprir regras não está de acordo com o que Jesus quis exemplificar para o cidadão do Reino.

Oriente a realização da atividade de escrever frases, que mostrem as obrigações que os cristãos têm – como patrões, empregados, filhos, irmãos, amigos, cidadãos e cristãos –, em seguida, **motive** a partilha. **Comente** as frases dos catequizandos e complete a reflexão lembrando que, segundo o ensinamento de Jesus, obrigação é amar os amigos, mas somos chamados a amar nossos inimigos; obrigação é cumprir meu trabalho, mas somos chamados a torná-lo um meio para servir ao outro.

Pergunte: você reconhece essas atitudes em nossa sociedade hoje? Como elas influenciam a vida de todos? Se os catequizandos responderem que não reconhecem atitudes assim na sociedade, comente que isso compromete o testemunho cristão e empobrece as relações entre as pessoas.

Continue a leitura do texto do livro. **Explique** o sentido do servo e **enfatize** o ensinamento de Jesus: quando nos colocamos ao seu serviço precisamos abandonar a ideia de recompensas e direitos adquiridos, pois o próprio Jesus se fez nosso "servo".

Lembre que direitos e deveres são inseparáveis, e só quando cumprimos nossas obrigações permitimos que os outros exercitem seus direitos.

A partir da leitura do texto do livro, **converse** e **explore** o valor das atitudes expressadas para os outros e para si mesmos.

Se todos cumprissem seus deveres

Leia o texto no livro dos adolescentes e **converse** sobre como nossas vidas dependem de muitas pessoas. **Explore** exemplos de situações caóticas provocadas por greves de determinados setores (coleta de lixo, transporte público, INSS, atendimento médico...) ou serviços prestados com baixa qualidade (unidades de saúde, escolas em situações precárias...). **Destaque** que as funções desempenhadas pelas pessoas são importantes, incluindo as nossas, e **explique** que quando deixamos de cumprir nossas funções sobrecarregamos alguém. **Exemplifique**: ao não lavar a louça, certamente estamos delegando a alguém tal preocupação. Assim também ocorre conosco, quando determinado serviço ou apoio que esperamos receber não está disponível. Se um colega não faz a sua parte em uma atividade, você e outros membros do grupo provavelmente terão de assumi-la.

Oriente para que reflitam sobre como seria se todas as pessoas estivessem realmente comprometidas com as funções que cumprem. **Providencie** jornais e revistas para recorte, tesouras, colas, cartolinas e canetinhas coloridas.

Organize os adolescentes em grupos de até cinco integrantes para produzirem um jornal retratando uma realidade na qual cada pessoa cumpre seus deveres. **Incentive-os** a criar notícias sobre política, economia, saúde, educação e família. Depois, **promova** um momento no qual cada grupo apresentará seu jornal de um modo criativo.

Ao final, **faça** uma tempestade de ideias sobre quão longe podemos chegar se cada pessoa for valorizada na função que cumpre e comprometer-se a colocá-la em prática.

Forme duplas para a leitura do texto do livro. **Peça** que conversem, compartilhando ideias sobre o tema e completando a história do João e do Miguel. Quando todos tiverem escrito a resposta do João, **motive-os** a apresentar ao grupo e conversar sobre o que escreveram.

Explique que precisamos nos exercitar constantemente para viver os valores ensinados por Jesus. Nosso dia a dia é repleto de oportunidades para termos boas atitudes.

Oriente-os a ler o texto e **explique** a atividade proposta: construir uma tirinha apresentando situações comuns nas quais podemos praticar boas atitudes e proceder conforme a proposta de Jesus. **Peça** que cada um coloque um título em sua tirinha, que pode mostrar cenas isoladas ou uma pequena história.

Convide os catequizandos para uma breve prece espontânea a partir das palavras de Jesus: "assim também vós" (Lc 17,10).

Converse com o grupo sobre o sentido da expressão "toma lá, dá cá" e como isso afeta as nossas relações. **Peça** exemplos e alternativas às situações apresentadas.

Incentive-os a ler o texto do livro e **comente** que nossas atitudes no dia a dia demonstram quem somos, da mesma maneira como Jesus chamava a atenção das multidões. **Questione**: nossas atitudes mostram que somos seguidores de Jesus? **Encaminhe** para a atividade.

Atitudes cristãs no dia a dia

Providencie impressões coloridas ou acesse virtualmente a reportagem *30 atos de gentileza mostrando que o mundo pode ser melhor se você quiser.*

Disponível em: <http://www.tudointeressante. com.br/2014/05/30-atos-de-gentileza-mostrando-que-o-mundo-pode-ser-melhor-se-voce-quiser.html> Acesso em: 15 nov. 2015.

Converse com os adolescentes sobre muitas vezes considerarmos que somente atitudes com grande repercussão ou claramente cristãs é que revelam o nosso compromisso como discípulos seguidores de Jesus Cristo. No entanto, o mundo precisa de cada gesto de gentileza que pudermos oferecer, independentemente de quantas pessoas alcance. Ser fiel à fé cristã envolve amar o próximo como a nós mesmos. Ao seguir esse importante ensinamento de Jesus, estaremos colaborando para a construção de um mundo melhor para todos.

Solicite aos adolescentes que escrevam em seus livros mais gestos simples de gentileza, que podem ser praticados no dia a dia, que revelam sermos seguidores de Jesus. Depois, **promova** um momento de partilha.

Dica

Pode-se escrever os gestos compartilhados pelos adolescentes em cartaz para ser exposto na sala como uma construção coletiva de atitudes que revelam nosso seguimento a Jesus Cristo.

Procure associar gentileza e bondade como sementes do Reino de Deus.

Lembre que gentileza não é uma simples questão de educação, mas está relacionada aos valores nos quais acreditamos. Gentileza envolve olhar para o outro e ter atitudes solidárias e gratuitas.

Após a leitura do texto do livro, **oriente** sobre como realizar a atividade proposta.

Providencie impressões ou acesse virtualmente a reportagem *Bondade de quem eu odiava mudou minha vida, diz ex-skinhead.*

Disponível em: <http://www.bbc.com/portuguese/noticias/2015/10/151011_supremacista_pacifista_mv> Acesso em: 20 out. 2015.

Problematize com os adolescentes a situação apresentada na reportagem, destacando o quão importante foi a gentileza de cada pessoa que passou pela vida de Arno (ex-skinhead) para que uma mudança pessoal se tornasse possível. **Comente** sobre o processo de conversão que Arno experimentou e **questione**: como e por que ser perseverante na prática da bondade a quem parece não estar disposto a recebê-la? **Converse** sobre as respostas.

Destaque a frase do entrevistado: "Foram as pessoas que me trataram com bondade, e que tiveram a coragem verdadeira de não devolver minha agressão, que ajudaram a mudar o rumo da minha vida".

Converse com os adolescentes sobre os desafios presentes na prática do bem, que a tornam um ato de coragem. Ao final, **solicite** que resumam em uma frase o que aprenderam com o exemplo de Arno para escreverem em seus livros e, então, partilhá-la para o grupo.

Lembre o sentido de uma obrigação: compromisso que temos com o outro. Depois **peça** que cada um pense sobre suas obrigações e como responder à questão apresentada: como colaborar para o bem-estar das pessoas, cumprindo nossas obrigações? **Oriente**, em seguida, os catequizandos a completar a atividade proposta no livro.

Senhor, escuta a minha voz!

Leia o texto e, conforme a orientação que está no livro, **peça** que cada adolescente converse com Deus, em silêncio, para agradecer as chances de ter atitudes de acordo com o ensinamento de Jesus. Cada um irá, em seguida, escrever sua oração de agradecimento. Se for conveniente, **coloque** uma música bem suave para incentivar o clima de oração.

8

Onde está
minha liberdade?

Objetivo ——→ Compreender o sentido da liberdade que encontramos em Jesus e como viver essa liberdade.

Acolha os catequizandos e **indague** sobre situações que tenham vivido desde o último encontro, perguntando como cada um esteve envolvido: ele as provocaram, sentiram as consequências, ajudaram a encontrar soluções...

> **Sugere-se** como motivação deste tema o vídeo *O que é liberdade?* (duração: 5min23).
>
> Esse vídeo mostra como diferentes pessoas – crianças, jovens, adultos e idosos – compreendem o significado de liberdade. No vídeo não é apresentada uma definição completa nem apontada a mais correta, e todas podem ser motivo de discussão.
>
> O que é liberdade? Disponível em: <https://youtu.be/r7tkPl3ugh0> Acesso em: 16 nov. 2015.

Peça que um dos adolescentes faça, em voz alta, a leitura do texto inicial do livro e **motive** uma discussão sobre as situações mencionadas: concordam que é um desafio viver a adolescência hoje? Por quê?

A partir da observação da imagem de abertura do tema, **pergunte** aos catequizandos se a liberdade de cada um é importante – como, para quê?

Destaque os valores que devem determinar nosso olhar diante das propostas que chegam até nós: a liberdade e o amor à vida. **Recorde** algumas opiniões manifestadas no vídeo apresentado anteriormente e **peça** que realizem a atividade.

Exemplos de palavras relacionadas à liberdade para ajudar a orientar a realização da atividade: livre, independência, iniciativa, bom, felicidade, ser o que somos, responsabilidade, valor, poder, decidir, autonomia, vontade, desejo, interesse, querer, direito.

LIGADOS na Palavra

Utilizando algumas palavras escolhidas pelos adolescentes na realização da atividade, **reforce** que a liberdade é algo valioso e, por isso, sempre tão desejada. **Faça** a leitura do texto, mencionando que Jesus se preocupou em nos falar, também, sobre a liberdade.

Com um canto de aclamação, **motive** o grupo para a escuta da Palavra.

Convide um dos participantes para proclamar a Palavra.

Proclamação da Palavra – Jo 10,7-10

Algumas ideias para conversar com o grupo

Jesus deixa claro que se não nos afastarmos do que nos escraviza não seremos livres para viver a proposta do Reino que Ele veio instaurar.

O desapego, a renúncia e a vida na liberdade e no amor de Deus podem parecer impossíveis; mas Jesus diz que para Deus é totalmente possível e afirma que quem se abandona ao seu amor será plenamente compensado, nesse mundo e na eternidade.

Jesus se apresenta como a porta; por Ele as ovelhas devem passar, porque Ele é, na verdade, a porta da Humanidade. Expulso do paraíso, o homem ficou sem direção para sua vida; Jesus se mostra aberto para que possamos passar por Ele e reencontrar o caminho. Ele diz que quem entra por essa porta, que é Ele, está salvo. A salvação que Deus nos oferece não é controladora, mas nos garante descanso e pastagem.

Pela porta, que é Jesus, podemos entrar e sair, pois é uma porta que nos dá liberdade; entrando, encontramos abrigo, orientação, descanso e alegria; saindo, nos colocamos a serviço da evangelização e do crescimento do Reino de Deus.

É preciso compreender que não teríamos acesso ao Pai e à salvação que Ele quer para cada um de nós sem uma "porta" que nos leve a Ele; quem entra pela porta, que é Jesus, entra pela fé, por uma experiência pessoal do amor de Deus.

Jesus usou o símbolo da porta como caminho absoluto - só há uma maneira de entrar, não há porque procurar outras. Entrar no aprisco tem a finalidade de encontrar a vida eterna, em Cristo Jesus, a única porta; nosso dever é ouvi-lo, atendê-lo e segui-lo; nossa recompensa é a salvação, a comunhão, a liberdade e o sustento.

Depois da proclamação da Palavra, **guarde** um instante de silêncio para interiorização e **faça** uma breve reflexão a partir das ideias sugeridas para facilitar a compreensão pelos catequizandos. **Peça**, em seguida, que cada um leia outra vez o texto bíblico, em silêncio, e **compartilhe** no grupo as palavras que mais chamaram sua atenção.

Explique, conforme o texto do livro, que Jesus usou uma situação comum enfrentada pelos pastores de sua época, para apresentar-se como "a porta".

Peça que os catequizandos conversem sobre como compreendem a afirmação de Jesus (Jo 10,9).

Motive a leitura do texto, destacando que Jesus se referia a nós, sua Igreja, comunidades dos seus seguidores, ao falar sobre rebanho. Nós encontramos em Jesus o caminho seguro para nos aproximarmos do Pai e, por isso, não precisamos procurar outros caminhos.

Destaque que Jesus se coloca como porta da liberdade, porque Ele nos quer livres e, se decidimos segui-lo, Ele quer que possamos entrar e sair pela porta que é Ele próprio.

Explore com o grupo as palavras destacadas no livro do catequizando.

Converse com os adolescentes sobre a liberdade que temos de entrar em quaisquer portas que nos são apresentadas. Após a leitura do texto **oriente-os** para fazer a atividade proposta. Depois que todos tiverem escolhido a(s) porta(s) que mais representam suas opiniões, **promova** a reflexão sobre cada uma delas, **apresentando** situações-problema sobre as circunstâncias e **ouvindo** as razões dos adolescentes nas escolhas que realizaram.

Seguem alguns apontamentos que podem facilitar esse processo:

> Acho que cada pessoa deve se preocupar com sua própria vida. Ninguém suporta gente enxerida.

- Como cristãos, genuinamente nos preocupamos com as demais pessoas. Não queremos ser enxeridos ou lhes propor mudanças de atitudes quando claramente não estão dispostas a isso, mas não conseguimos simplesmente ignorar o sofrimento alheio. Por esse motivo, como cristãos, nos colocamos à disposição para ajudar os outros e reconhecemos que as nossas vidas são interdependentes, de modo que nossas preocupações não se centram apenas em nós mesmos. É importante, no entanto, saber quando e como expressar apoio.

> Odeio "mimimi". Tem gente que parece que nasceu para reclamar!

- Como cristãos, não invalidamos os sentimentos dos outros. Entendemos que o excesso de reclamações, por exemplo, revela a infelicidade das pessoas e o quão profundamente buscam sentido em suas vidas. Ao assumir seguir os ensinamentos de Jesus, reconhecemos que algumas pessoas precisam de apoio para se descentralizarem do seu próprio "eu" e tornarem-se capazes de ver o outro, ver o mundo.

Esse negócio de "amor ao próximo" morre a partir do momento em que alguém da sua família é vítima de violência.

- Como cristãos, reconhecemos que a violência é o resultado de um grande conjunto de circunstâncias, tais como a desigualdade social, a cultura do consumo, a pobre segurança pública e a fragilidade da vida. Entendemos que o comportamento hostil, assim como o comportamento corrupto e tantos outros que ferem a vida, é aprendido pelas pessoas da mesma forma que aprendemos o comportamento cristão. Nada justifica a violência e tampouco conforta o coração de quem perde uma pessoa amada para essa realidade, mas o amor ao próximo não pode se condicionar ao que esse próximo faz. Ou seja, não amamos o próximo apenas se nos convém. Amamos o próximo ao reconhecê-lo como sujeito de seu próprio contexto, como fruto de uma história pessoal de vida que poderia ter sido a nossa.

Se Deus fosse realmente bom, minha mãe não estaria doente agora.

- Como cristãos, entendemos que há circunstâncias que nos farão questionar a fé. É natural e faz parte do processo de amadurecimento de crer em Deus assumir que nem sempre teremos todas as respostas. Coisas boas acontecem a pessoas que aparentemente não mereciam; coisas ruins acontecem com pessoas que aparentemente também não mereciam. Quando nos perguntamos "por que isso aconteceu justamente com essa pessoa?", devemos perguntar também: "por que não com essa pessoa?". Somos humanos e nosso organismo é frágil, não devemos atribuir uma doença que poderia acometer qualquer um como uma ação de Deus. Manter a fé em um momento como esse é um dos desafios da vida cristã. Justamente por crermos em Deus é que podemos encontrar forças para tornar a vida de alguém querido, que adoeceu, melhor. Nele encontramos apoio para seguir expressando nosso amor a uma pessoa doente sem esmorecer.

Pequenas trapaças não machucam ninguém. Vou à Igreja, ajudo os necessitados, mas nem sempre devolvo o dinheiro que encontro e já furei muita fila. Sou uma pessoa ruim?

- Como cristãos, entendemos que não devemos expressar atitudes apenas para sermos classificados como pessoas "boas" ou "ruins". Mais importante do que um rótulo é o bem que praticamos. Ir à Igreja ou ajudar os necessitados não torna menos grave as pequenas corrupções cometidas no dia a dia, especialmente quando nos sentimos livres da culpa porque obtivemos vantagens que aparentemente não teriam prejudicado ninguém. Talvez nunca saibamos a dimensão das consequências das nossas atitudes, mas isso não faz com que essas consequências se tornem menos reais às vidas das pessoas que podemos ter prejudicado. O bem que fazemos não pode ser uma moeda de troca para o mal que cometemos.

Já deixei de ganhar benefícios pessoais para fazer "o que é certo". Não importa se há alguém olhando ou não, minha consciência está limpa. Se as pessoas fizessem o mesmo, viveríamos em um mundo melhor.

- Essa é a porta que expressa a liberdade que Jesus nos oferece! Ele nos convida para que, na vida, expressemos amor ao próximo independentemente das circunstâncias. A fé em um mundo melhor, construído a partir das atitudes de cada pessoa, é uma herança deixada por Jesus aos seus seguidores.

A partir da leitura do texto, **peça** aos catequizandos que respondam as questões do livro e **comente**: entrar pela porta que é Jesus significa entrar para o convívio de sua família divina, compartilhar do alimento que Ele nos dá, ter acesso às suas promessas, isto é, encontrar segurança; sair pela porta que é Jesus significa ser enviado ao mundo em seu nome para dar testemunho. Para quem escolhe seguir Jesus, entrar e sair pela "porta" é igualmente importante, porque entrando crescemos na sua companhia e saindo crescemos ajudando outros a crescer.

Forme pequenos grupos para a leitura do texto que está no livro e, em seguida, **peça** que conversem sobre as questões apresentadas: liberdade se resume a fazer aquilo que queremos? Sendo oportuno, pode-se lembrar o tema do encontro anterior – *Faço o que é preciso fazer* – e indagar: somos livres quando cumprimos obrigações?

Relacione liberdade e responsabilidade. Se a pessoa que pode decidir agir segundo sua própria vontade é livre, quem responde por seus próprios atos é responsável. Por isso, só somos realmente livres se somos responsáveis.

Pergunte e **peça** que escrevam suas respostas: o que são escolhas feitas com responsabilidade?

Continue com a leitura do texto, **motivando** os adolescentes para uma conversa sobre liberdade e escolhas conscientes.

Jesus mostrou que só somos livres quando podemos escolher o que é bom para nós. Em grupos de três catequizandos, **peça** que conversem sobre o que significa para nossa vida escolher Jesus e, depois, registrem a que conclusão à qual chegaram.

Nossa liberdade tem limites...

Somos livres, mas nossa liberdade tem limites. A partir da leitura do texto do livro, **motive** uma conversa sobre o que define esses limites e quais são eles.

Apresente o vídeo que retrata um experimento social no qual uma garota é criticada abertamente por outras duas meninas em um ponto de ônibus.

O vídeo tinha como objetivo a prevenção ao *bullying* e avaliava o comportamento das pessoas que testemunhavam a cena.

Disponível em: <https://youtu.be/jhl38ORQgUQ>. Acesso em: 15 nov. 2015.

Converse sobre como as pessoas, sentindo-se livres para expressar suas opiniões, muitas vezes ferem os sentimentos das outras. Em nome da liberdade, humilham e agem com insensibilidade, pois se sentem no direito de "fazer o que querem". Jesus ensina que o limite da liberdade é o respeito às pessoas e o valor à vida. Como cristãos, não apenas devemos reconhecer os limites da nossa liberdade, mas também ajudar para que as pessoas encontrem limites para as atitudes que desvalorizam a vida e menosprezam a dignidade do próximo, como ocorre com a situação mostrada no vídeo. Cada pessoa que interferiu e protegeu a garota no ponto de ônibus estava limitando a "liberdade da ofensa". Somos guardiões da liberdade que Jesus nos apresenta e, sempre que possível, devemos lembrar a nós mesmos e às pessoas que viver a liberdade cristã implica respeitar e defender a dignidade da vida.

Motive a leitura do texto do livro e explore a imagem: o que ela nos diz sobre nossa liberdade de seguidores de Jesus? Pode-se **mencionar** algumas das manifestações do vídeo do início do encontro para relacionar à liberdade que nasce do amor e que tem o amor como critério das escolhas e, também, ao respeito à pessoa e a valorização da vida que dão limites à liberdade.

Convide os catequizandos para uma breve prece espontânea a partir das palavras de Jesus: "Eu sou a porta." (Jo 10,9).

Converse com os adolescentes sobre como usam sua liberdade ao realizar escolhas e se essas revelam seu compromisso cristão. **Comente** que muitas vezes realizamos escolhas sem refletir antecipadamente ou avaliar as prioridades que nos fazem assumi-las.

Destaque situações-problema sobre como é o comportamento consumidor dos adolescentes e por quais razões desejam adquirir determinados itens (sejam objetos ou ideologias). É importante **ressaltar** que ao assumir seguir Jesus não é necessário escolher apenas o que é simples ou barato. Podemos ter hobbies caros ou desejos supérfluos, desde que ambos não ultrapassem o bom senso, não limitem a vivência dos valores cristãos e não se revelem como uma prioridade em nossas vidas que se coloca acima das pessoas.

Para refletir sobre o comportamento consumidor, sugere-se usar as seguintes matérias:

» *Filas, muitas filas – confira a loucura gerada pelo lançamento do iPhone 6S*: <http://www.tecmundo.com.br/iphone-6s/87055-filas-filas-confira-loucura-gerada-lancamento-iphone-6s.htm> Acesso em: 17 nov. 2015.

» *Vício em Internet e jogos eletrônicos pode ser tão forte quanto a dependência química*: <http://www.em.com.br/app/noticia/tecnologia/2014/10/23/interna_tecnologia,582417/vicio-em-internet-e-eletronicos-pode-ser-tao-forte-quanto-a-dependencia-quimica.shtml> Acesso em: 17 nov. 2015.

» Vídeo sobre a ditadura da beleza, que alcança as mulheres desde a infância: <https: //youtu.be/Ei6JvK0W60I> Acesso em: 17 nov. 2015. Pode-se usar, também, a reportagem *Ditadura da beleza é uma forma de violência contra a mulher*: <http://www.piratininga.org.br/novapagina/leitura.asp?id_noticia=3923&topico=G%EAnero> Acesso em: 17 nov. 2015.

Finalize a reflexão solicitando aos adolescentes que respondam a atividade em seus livros. Se necessário, pode **sugerir** como prioridades avaliar se o produto ou o hobby:

1) pode auxiliar no seu crescimento pessoal ou das pessoas à sua volta;

2) não incentiva valores ou comportamentos que contrariam os ensinamentos cristãos;

3) é necessário.

Somos diariamente bombardeados por ideias, propostas, argumentos e, nem sempre, tudo isso está de acordo com as palavras de Jesus. Ele era totalmente livre, porque não se fez prisioneiro do que o mundo oferecia como modelo de vida. A preocupação de Jesus era cumprir a vontade do Pai. Por isso Ele é nosso exemplo de pessoa livre.

Continue a leitura do texto do livro e **pergunte** aos catequizandos que ideias estão muito presentes na mídia; **ajude-os** a escolher uma delas e **peça** que conversem: o que Jesus diria sobre essa ideia? O que cada um pensa sobre ela? Cada um deve escrever em seu livro o que pensa e conversou no grupo sobre a ideia escolhida.

Senhor, escuta a minha voz!

Convide os adolescentes para que se coloquem diante de Deus e façam, primeiramente, sua prece pessoal e, em seguida, todos juntos, a oração que é sugerida no livro.

O que agrada a **Deus**

Acolha os catequizandos e depois **peça** que observem a imagem de abertura do tema e **pergunte**: diante de uma árvore carregada de frutos, o que pensamos? Como escolhemos um dos frutos para comer?

Motive a leitura do parágrafo inicial **destacando** que em nossa vida devemos procurar ter atitudes que sejam agradáveis a Deus, sem nos deixarmos controlar apenas pela vontade dos homens.

Leia o texto sobre o skatista André no livro dos catequizandos e, depois de conversar com o grupo, **peça** que respondam e compartilhem as questões propostas.

Comente que em nossa vida sempre precisamos fazer escolhas. Geralmente, essas escolhas têm relação com nossos objetivos e nossa busca da felicidade.

Forme pequenos grupos para ler e conversar sobre o texto do livro e **pergunte** o sentido da expressão "agradar a Deus".

Depois, motive os catequizandos, ainda nos pequenos grupos, a conversar sobre:

» Suas escolhas têm agradado a Deus?

» Como podemos fazer escolhas que agradem a Deus?

» Você sente dificuldade em fazer escolhas que agradem a si mesmo, aos outros e a Deus ao mesmo tempo? Você acha que isso é possível?

» Qual o sentido das palavras do apóstolo Paulo para a vida do cristão?

Dica

Você pode resgatar o Contrato de Convivência construído no primeiro encontro. Através dele, os catequizandos podem se questionar se suas atitudes revelam que suas escolhas equilibram o cuidado dedicado a si mesmos, aos outros e a Deus.

Explique que em nossa caminhada com Deus encontramos desafios, e manter nossa vida centrada em sua vontade é uma luta diária. **Comente** que sempre surgirão situações que podem nos distanciar daquilo que Deus preparou para nós. **Explore** que há pessoas que marcam nossa caminhada sendo sinal da presença de Deus ao nosso lado, e outras que nos afastam do propósito que Ele tem para nós, influenciando de maneira negativa nosso comportamento e nossas escolhas, enfraquecendo o desejo de estar na presença de Deus.

Depois da leitura do texto, **proponha** uma partilha sobre as questões apresentadas no livro e **peça** que escrevam o que foi compartilhado. **Procure** ajudar os catequizandos a identificar, concretamente, nas atividades do dia a dia e nas atitudes comuns, aquilo que não agrada a Deus e pode afastá-los de seu caminho.

Destaque que em tudo o que fazemos ou deixamos de fazer, no que dizemos ou no que calamos, está por trás uma escolha feita a partir dos nossos sentimentos e da nossa percepção do mundo à nossa volta. Com esse comentário, **motive** o grupo para a escuta da Palavra de Deus com um canto de aclamação.

Convide um dos participantes para proclamar a Palavra.

Proclamação da Palavra – Mt 7,16b-20

Algumas ideias para conversar com o grupo

O pano de fundo da parábola é a conversão, a renovação de nossa vida pessoal.

Fomos criados livres para renovarmos o mundo pela construção da justiça e da paz; quem passa pelo processo de conversão abandona os falsos valores que o mundo oferece e adere à proposta de vida oferecida por Jesus.

Deus nos quer perto dele, ouvindo e aceitando sua proposta de vida para nós; o pecado e o mal criam uma barreira entre Ele e nós.

Assim como o fruto revela a árvore, o que fazemos e dizemos revela quem somos; palavras e ações incompatíveis com nossa natureza cristã irão mostrar quando nos afastamos de Deus e renunciamos ao seguimento de Jesus.

Quais são os frutos do verdadeiro cristão? Amor a Deus e às pessoas traduzido em gestos concretos; alegria; promoção da paz; paciência; bondade; cuidado para não ofender o irmão com palavras ou atitudes; fidelidade; humildade.

Como cristãos, devemos procurar ter boas atitudes e praticar boas ações; para isso só há um caminho: permanecermos unidos a Cristo Jesus (cf. Jo 15,5).

É preciso transformar o nosso interior porque, por mais que tentemos "pendurar" boas ações em nós, elas não são capazes de mudar o que existe dentro de nós.

Da mesma maneira como os pais não exigem que seus filhos sejam perfeitos para amá-los, Deus ama cada um de nós como somos; devemos nos perguntar: quanto prazer Deus tem com nossa vida?

Depois da reflexão, **faça** a leitura da passagem bíblica mais uma vez e **leia** com os catequizandos o texto que está no livro, comentando a comparação que Jesus faz: somos como árvores, e o que fazemos são nossos frutos.

Explique que Deus quer que nossas atitudes nasçam de uma vontade sincera de ouvi-lo e da nossa confiança em suas palavras e, assim, é preciso ter sinceridade em tudo o que fazemos. Se não for assim, estaremos enganando – a nós, aos outros, a Deus.

Mencione, mais uma vez, a imagem de uma árvore com "falsos" frutos e de uma árvore com bons frutos, lembrando que os frutos que produzimos mostram nossa vontade de agradar a Deus.

Explique a atividade proposta e auxilie o grupo a completá-la. Ajude os catequizandos a perceber a correspondência: árvore – vida; terreno – acontecimentos e pessoas que nos influenciam; raízes – fé em Deus; galhos – a direção (os objetivos) das nossas atitudes; frutos – gestos, atitudes e ações que influenciam as nossas vidas e as de outras pessoas.

Convide os catequizandos para uma breve prece espontânea a partir das palavras de Jesus: "toda árvore boa dá fruto bom" (Mt 7,17).

Comente que agradar a Deus é observar, assumir e praticar o que as Escrituras ensinam, e isso vai muito além de ter boas atitudes ou praticar boas ações. Agradar a Deus é, na verdade, um estilo de vida, e isso supõe conhecer bem e manter vivo nosso relacionamento com Ele.

Leia com o grupo o texto do livro e **converse** com os catequizandos, mostrando que podemos agradar a Deus no dia a dia, como cidadãos, como filhos ou pais, como estudantes ou profissionais, como amigos ou namorados, ao termos atitudes que zelam pelo melhor para nós mesmos e nosso próximo.

É importante **enfatizar** o direito de escolha de cada um e que os cristãos escolhem agradar a Deus não por medo de um castigo, mas porque reconhecem que a sua proposta é marcada pelo amor, fraternidade, justiça. Assim, o agradam por amor e por saber que Ele sempre quer o melhor para cada um de nós.

Proponha uma conversa sobre as escolhas que fazemos, a quem agradam e o que significam. **Comente:** quando escolhemos agradar a Deus muitas vezes nos libertamos da obrigação de agradar outras pessoas ou de um relacionamento que nos aprisiona. Essa decisão pode exigir firmeza e resistência ao que uma pessoa nos oferece; pode significar servir outras pessoas com humildade. Assim como Jesus não procurou agradar a si mesmo, mas em tudo fazer a vontade do Pai, nós devemos mostrar nosso propósito de agradar a Deus agradando o próximo naquilo que o ajuda a crescer na dignidade de pessoa humana, como filho de Deus.

A partir dessa conversa, **peça** que cada um responda em seu livro a questão apresentada e **motive** para a dinâmica.

Pequenas escolhas, grandes propósitos

Providencie chocolates sortidos (um para cada participante do grupo) e fixe uma tira de papel dobrada em cada um. Na tira de papel deve estar escrita uma frase, conforme as sugestões apresentadas na sequência ou outras adequadas ao grupo.

Sugestões de frases:

- » A rua é para todos, não devemos jogar lixo no chão.
- » As tarefas em casa são para toda a família, devo ajudar meus pais em casa.
- » Sou mais velho, devo e posso ter cuidado com meu irmão mais novo.
- » Andar de bicicleta de maneira responsável é mais legal.
- » Desperdiçar é tirar do outro, temos que lutar contra o desperdício de alimentos, de água, de energia.
- » Meu corpo é parte da minha pessoa, devo cuidar bem do meu corpo.
- » Sou chamado a viver o dom da sexualidade que tem como fim o amor doação e acolhimento, segundo o plano de Deus.[4]
- » O que somos deve estar em favor do outro, por isso ajudo meus colegas na escola.
- » A comunidade é lugar de todos, é meu dever cuidar do bairro onde moro.
- » Todos são iguais, não podemos aceitar qualquer forma de discriminação.
- » O idoso é alguém mais experiente e merece o meu respeito.
- » Não podemos concordar com uma proposta que possa prejudicar alguém.
- » A terra é nossa casa comum, devemos cuidar do meio ambiente.
- » Nem todo aquele que está ao meu lado contribui para meu crescimento, devo afastar-me de quem pode ser uma má influência.
- » Todos merecem o mesmo respeito, sou contra qualquer forma de preconceito.
- » Solidariedade é respeito à dignidade humana e nos faz mais fortes, devemos ser solidários com os que necessitam.
- » Homens e mulheres, com suas diferenças e semelhanças, merecem ter os mesmos direitos.
- » Todas as criaturas têm seu lugar e seu papel na terra, por isso é preciso proteger os animais da extinção.
- » Nenhuma criatura merece ser maltratada, por isso condeno a crueldade com animais.
- » Não podemos ser "maria vai com as outras", mas devemos nos comportar assumindo nossos valores nos diferentes lugares.
- » Ser tolerante é entender que cada pessoa tem sua identidade, devemos ter respeito por todos e praticar a tolerância.

---

[4] CIC 2331-2332-2337-2360-2361-2362.

Coloque os chocolates sobre uma mesa e **peça** que cada catequizando aproxime-se para escolher aquele da sua preferência, sem ainda desdobrar a tira de papel nem comer o chocolate.

Quando todos os adolescentes tiverem pegado seu chocolate, **pergunte** se conseguiram escolher o seu preferido; certamente nem todos dirão que sim. **Lembre-os** de que, muitas vezes, as escolhas que fazemos na vida nos agradam muito, mas há ocasiões nas quais o que escolhemos pode nos trazer insatisfação (como não ter disponível o chocolate preferido e ter que escolher outro), contrariedade ou, até mesmo, problemas. Se pensarmos em escolhas que agradem a Deus, algumas podem até mesmo ser difíceis de aceitar.

Peça aos catequizandos que peguem a tira de papel presa ao chocolate escolhido e leiam a frase que nela está escrita. Cada um deve ler em voz alta e comentar sua frase.

Depois, **incentive** uma partilha sobre o que os catequizandos pensam acerca de cada uma delas. Quem discorda? Por quê? São escolhas difíceis de serem concretizadas? O que elas revelam sobre nossa relação com Deus?

Finalize comentando que é sempre possível escolher cuidar, respeitar, preocupar-se, ser verdadeiro... Para agradar a Deus, precisamos dispor de nossos talentos para que o Reino cresça entre todos.

CRISTÃO de *Prática*

Comente que devemos ter vontade de fazer o que agrada a Deus e decidir tudo fazer para agradá-lo. Por isso, ser cristão é uma maneira de viver.

Explique ao grupo que juntos irão escrever uma Declaração de Intenções com atitudes agradáveis a Deus, com as quais irão se comprometer. **Destaque** que se trata de um compromisso que deverá ser assumido por cada um a partir desse encontro, não apenas palavras escritas no livro.

> **Dica**
>
> Cada catequizando irá escrever essa declaração em seu livro, e, se for conveniente, faça um cartaz e deixe a Declaração de Intenções do grupo exposta na sala dos encontros.

Senhor, escuta a minha voz!

O Sl 72(73) fala que a confiança em Deus deve ser a rocha sobre a qual todas as nossas ações se sustentam.

Convide o grupo a colocar-se silenciosamente diante de Deus, conversando com Ele e afirmando sua vontade de procurar ter atitudes que lhe sejam agradáveis. Depois, em dois coros, rezem juntos o Sl 72(73).

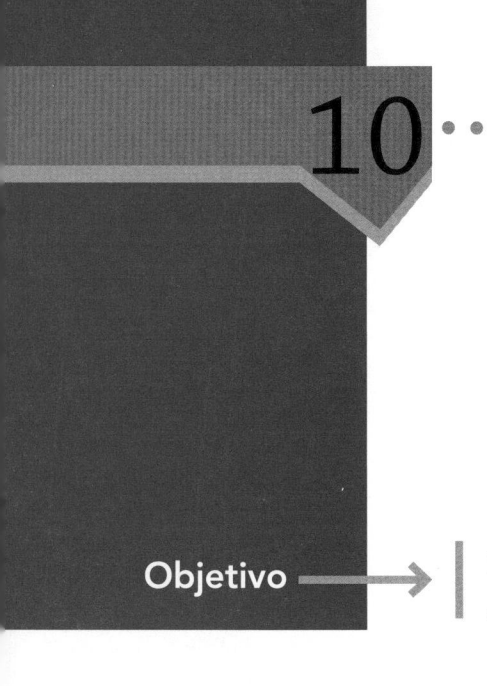

10

Sou rico
pela **graça de Deus**

Comece o encontro com uma brincadeira de caça ao tesouro.

Providencie: uma folha para cada catequizando com a lista das frases sugeridas – na sequência, uma pequena caixa com chave, um cartão com o versículo:

> *"Já que contas muito para mim, me és caro e eu te amo, entrego gente em teu lugar e povos por tua vida. Não tenhas medo, pois estou contigo!"* (*Is* 43,4-5a)

Se não for possível usar uma caixa com chave, coloque o cartão em um envelope.

Entregue uma folha com a lista a cada catequizando, que deverá encontrar o participante que corresponde a cada descrição e pedir que ele escreva seu nome ao lado do item.

1. Quem tem olhos da mesma cor que os meus:

2. Quem já morou ou visitou outra cidade:

3. Quem é filho(a) único(a):

4. Quem usa óculos:

5. Quem tem a mesma idade que eu:

6. Quem tem um animal de estimação:

7. Quem tem o nome com mais de seis letras:

8. Quem está com uma camiseta da mesma cor que a minha:

9. Quem mora com mais de três pessoas:

10. Quem gosta de ler:

O catequizando que primeiro concluir a caça ao tesouro deverá pegar a chave e abrir a caixa para encontrar o "tesouro": a declaração do amor de Deus por ele.

Peça a ele que leia o versículo que inicia o encontro, o mesmo que recebeu como seu "tesouro". **Comente** que nessas palavras do profeta Isaías podemos compreender que somos valiosos para Deus e que seu amor por nós deve ser nossa maior certeza.

Peça que observem a imagem de abertura do encontro e **pergunte**: que palavras associam a ela?

 Depois da leitura do texto do livro, **pergunte** o que os catequizandos conhecem sobre as situações mencionadas (extração de marfim na África e corrida do ouro na Amazônia) ou outras semelhantes, e **converse** sobre as consequências ambientais e sociais observadas em cada uma delas.

Motive a continuação da leitura do texto e **coloque** em discussão: precisamos ter muitas coisas – comida, roupas, casa, estudo, trabalho – e também amigos, afeto, cuidado, felicidade. Mas até onde vai a necessidade de ter? Quando temos algo podemos guardar; mas, podemos também dar para alguém o que temos?

Pergunte e **peça** que compartilhem o que pensam: do que você precisa? E de quanto você precisa para viver e ser feliz? **Peça** que escrevam no livro suas respostas a essas questões.

LIGADOS na

 **Leia** o texto no livro e **prepare** o grupo para a escuta da Palavra de Deus com um refrão meditativo.

Convide para uma leitura dialogada do texto escolhido.

Proclamação da Palavra – Lc 12,13-21

Jesus quer nos fazer entender que a verdadeira riqueza está relacionada ao que fazemos ao próximo e a Deus. Ele corrige nosso olhar em relação à riqueza e chama a atenção quanto aos perigos da ganância.

Algumas ideias para conversar com o grupo

Jesus dá pistas sobre como nos tornarmos ricos para Deus: quem quiser ser o primeiro, que seja o último; o maior é o menor; preserva a vida quem perde a sua vida; a cobiça não garante a vida de ninguém. Importa mesmo a justiça, a partilha e a solidariedade para com o outro (cf. Eclo 29,8-13).

O agricultor representa quem procura acumular sempre mais, esquecendo-se de Deus, da família e dos outros; representa aqueles que fizeram dos bens materiais o seu deus pessoal, ignorando que não está aí o sentido mais fundamental da existência.

Jesus denuncia a cultura materialista que propõe como felicidade ter muitos bens, pois o valor da vida não está em ter coisas, mas em ser rico para Deus (cf. Lc 12,21).

Quem vive com as preocupações do mundo não consegue viver a lógica de Deus: Jesus chama o agricultor de insensato. Ele diz que nossa vida não depende dos bens terrenos, pois o verdadeiro tesouro está nos céus; a ganância e a inquietação com as coisas materiais podem deixar a misericórdia e o amor de Deus em segundo plano.

A preocupação excessiva com os bens impede o homem de estar disponível e dar espaço em sua vida para os valores do Reino. Quando o coração está cheio de cobiça e de egoísmo e a vida se torna uma obsessão pelo ter, o homem torna-se insensível aos outros e a Deus, é capaz de escravizar o outro e cometer injustiças para ter ainda mais.

Faça uma reflexão sobre o texto bíblico e **peça** que os catequizandos o leiam mais uma vez, em silêncio. Em seguida, **motive** a leitura e **converse** sobre o texto do livro e as questões propostas, e **oriente** o grupo a respondê-las.

Convide os catequizandos para uma breve prece espontânea a partir do versículo: "a vida não está no que se possui" (Lc 12,15).

Converse com os catequizandos: ao contar essa parábola, o que Jesus pretende? Fazer seus discípulos se despojarem de seus bens? Propor uma existência de miséria, sem o mínimo necessário para uma vida digna? É claro que não. Jesus pretende ensinar que não podemos ser escravos dos bens materiais, como se eles fossem o mais importante em nossa vida.

Comente: Jesus nos convida ao desapego dos bens terrenos, que não nos fazem mais ricos nem melhores diante do Pai. O que realmente importa é como vivemos nossa vocação, na fidelidade a Deus e aos homens e pela prática constante da caridade.

Apresente ao grupo o vídeo *Ser rico não é sobre quanto você tem, mas sobre quanto você pode dar* (7min30). Esse vídeo apresenta um rapaz recordando sua infância com seu pai, que, embora já de idade, ainda fazia pequenos trabalhos que pouco lhe rendiam. No primeiro minuto do vídeo, ele afirma que quando era criança não gostava do pai, que parecia não ter interesse por seu filho e fazia exigências que ele não entendia.

O rapaz havia saído de casa para estudar e se afastara do pai. Quando este morre, ao retornar à sua cidade natal, o rapaz descobre que toda a vida de seu pai tinha sido dedicada a ajudar pessoas necessitadas e, em particular, ajudar uma instituição para crianças com deficiência, na qual ele se apresentava como um palhaço, levando animação e esperança às crianças. Ele descobre também que o dinheiro que seu pai o fazia guardar fora doado em seu nome a esta instituição.

Estas descobertas fazem o rapaz lembrar-se de algo que ouvia seu pai afirmar: "ser rico não é sobre o quanto você tem, mas o quanto você pode dar". E ele se vê capaz de reviver a experiência do pai, dedicando principalmente seu tempo para as crianças da instituição.

Disponível em: <https://youtu.be/n3rA_5Xxkiw> Acesso em: 18 nov. 2015.

Questione: o que pensam sobre a atitude do pai? E sobre o comportamento do filho, ainda criança e já adulto? O que motivava o pai a ter aquela postura na vida? Que diferenças e semelhanças há entre o agricultor da parábola de Jesus, o pai e o filho desse vídeo?

Na sequência, **convide-os** a ler o texto do livro e **peça** que respondam a questão proposta.

Forme pequenos grupos para que leiam e conversem sobre o texto do livro. Depois **incentive** os catequizandos a compartilhar suas respostas às questões propostas.

E nós, o que podemos fazer?

Motive para a realização da atividade sugerida.

Comente sobre a força da juventude ao se organizar contra a reestruturação das escolas públicas em São Paulo, durante o ano de 2015. A partir da ocupação das escolas e da pressão que os jovens estudantes, especialmente do Ensino Médio, provocaram sobre o Governo, o direito ao diálogo com a comunidade para as futuras decisões envolvendo a educação no estado foi garantido. **Explore** o assunto com os adolescentes como um exemplo do quão longe podemos ir quando decidimos nos unir para lutar pelo que acreditamos.

Sugere-se utilizar as matérias:

> » *Os estudantes que derrubaram a reestruturação das escolas de São Paulo:*

Disponível em: <http://epoca.globo.com/tempo/noticia/2015/12/os-estudantes-que-derrubaram-reestruturacao-das-escolas-de-sao-paulo.html> Acesso em: 10 dez. 2015.

> » *Jovens protagonizaram debate sobre ensino em São Paulo em 2015, diz especialista:*

Disponível em: <http://agenciabrasil.ebc.com.br/educacao/noticia/2015-12/jovens-protagoniza ram-debate-sobre-ensino-em-sp-em-2015-diz-especialista> Acesso em: 29 dez. 2015.

> » *10 fotos que mostram a força das garotas nos protestos em São Paulo:*

Disponível em: <http://qga.com.br/comportamento/mulher/2015/12/10-fotos-que-mostram-a-forca-das-garotas-nos-protestos-em-sao-paulo> Acesso em: 10 dez. 2015.

Pondere a necessidade de que nossos protestos em relação ao que consideramos injusto revelem a ética cristã, sendo importante sempre prezar pela paz e pelo respeito.

Reforce que cada uma das nossas atitudes revela também quais são nossas prioridades, sendo necessário considerar que nada é mais importante do que o relacionamento que construímos com as pessoas que nos cercam. **Oriente** para que, individualmente, escrevam sua receita para a felicidade em seus livros: o que, afinal, é a verdadeira riqueza em nossa vida. O que é preciso saber e exercitar para ser realmente feliz?

Senhor, escuta a minha voz!

Convide os catequizandos para que escrevam, em seus livros, uma prece pedindo a Deus que compreendam o sentido da verdadeira riqueza.

CRISTÃO de Prática

Leia o texto com o grupo e **diga** que desapego é a facilidade em deixar algo de que gostamos. **Motive** para a realização do "mutirão do desapego", lembrando que desapegar-se é uma maneira de colaborar com os outros e uma forma de manifestar nosso amor pelas pessoas.

Ajude o grupo a organizar o mutirão, dividindo as tarefas necessárias. Não se esqueça de combinar uma data para finalizá-lo e definir o que será feito com tudo o que for conseguido. **Lembre** que é importante cada um descrever no seu livro como aconteceu o mutirão, como foi sua participação e como se sentiu nessa experiência.

11

Crescer
na capacidade de relacionar-se

Objetivo → Reconhecer a importância de cultivar bons relacionamentos com as pessoas e com Jesus.

Acolha os catequizandos demonstrando contentamento por encontrá-los no grupo.

Peça que os adolescentes observem a imagem de abertura do tema e conversem sobre as ideias que ela transmite.

Na sequência, **pergunte** o que é importante para manter bons relacionamentos e como podemos nos manter próximos das pessoas de quem gostamos.

Convide para a leitura do texto inicial do livro e **converse** com o grupo sobre a importância das nossas relações com os outros para nosso crescimento pessoal e para a boa convivência.

Comente que ao longo da vida nossa rede de relações aumenta e podemos aprender com as pessoas novos olhares para o mundo à nossa volta, o que nos permite amadurecer e refletir mais cuidadosamente sobre as coisas.

Motive a leitura do texto e **pergunte**: como cada um se vê nos diferentes relacionamentos na família, na escola, entre os amigos? **Dê** alguns exemplos para ajudar os catequizandos a pensar sobre si mesmos, explorando as imagens que estão no livro: sou tímido, indiferente, atirado, extrovertido, sensível, preocupado, egoísta...

Oriente para que respondam em seus livros: o que fazem para manter bons relacionamentos e estar próximos das pessoas de quem gostam? **Motive** para que partilhem suas respostas e **converse** com os adolescentes sobre elas.

Faça uma tempestade de ideias para o grupo expressar o que pensa sobre como é relacionar-se com Jesus.

Apresente essa passagem associada à vida de São João Maria Vianney como um exemplo de relacionamento pessoal com Jesus. São João Maria Vianney, o Cura d'Ars, foi um vigário cheio do amor de Deus e de zelo pelos fiéis; ele é o

Patrono dos Sacerdotes. Ele ensinava os seus paroquianos principalmente com seu testemunho de vida. O povo aprendeu a rezar e a deixar-se ficar diante do sacrário. Um camponês explicou ao seu vigário o que fazia permanecendo tanto tempo em oração diante de Jesus Eucarístico: "Eu olho para Ele e Ele olha para mim"[5].

Após a leitura do texto no livro do catequizando, **oriente** para que, em duplas, produzam uma história em quadrinhos respondendo a pergunta: *para você, como podemos ter um relacionamento próximo com Jesus?* Depois, **promova** uma partilha das histórias produzidas, tecendo comentários a respeito delas.

Motive os catequizandos para a proclamação da Palavra de Deus com um canto de aclamação.

Convide um dos participantes para proclamar a Palavra.

Proclamação da Palavra – Mc 14,3-9

O texto traz a ação de uma mulher – ela não fala, só faz. Jesus destaca essa característica: "Ela praticou boa ação para comigo (...) ela fez o que pôde (...) onde for pregado o evangelho será contado o que ela fez...".

A mulher fez o inesperado e sua ação foi uma ação de amor a Jesus. Ela escolheu Jesus como prioridade para seu amor e seu reconhecimento.

A ação da mulher nos faz pensar: como expressamos hoje nosso reconhecimento e nosso amor a Jesus? O que temos que pode ser colocado a serviço de Jesus?

Assim como a mulher apresentou-se diante de Jesus com um vaso fino contendo um bálsamo precioso, nós devemos nos colocar diante dele com o que temos de mais precioso: a nossa vida. Somos únicos e preciosos para Deus.

Algumas ideias para conversar com o grupo

Também hoje, gestos que mostram amor e reconhecimento a Jesus receberão críticas de algumas pessoas; alguns poderão considerar perda de tempo, ingenuidade, alienação.

O nosso relacionamento com Jesus começa quando percebemos que temos necessidade do seu amor; devemos fazer desse relacionamento o centro da nossa vida e nossas ações e vontades serão influenciadas por Ele.

Devemos dar a Deus o seu valor; no texto, alguns questionam o que teria sido gasto para comprar o bálsamo, mas o valor material não importa diante do valor da presença de Deus junto a nós.

---

[5] CIC n. 2715.

Forme grupos de três catequizandos para a leitura do texto bíblico e uma conversa sobre a questão: *o que você pensa sobre as atitudes da mulher e das pessoas na casa?* **Oriente** para que completem o quadro com suas reflexões.

Respostas do quadro comparativo:

A mulher...		As pessoas na casa...
Foi ousada e não se preocupou com o valor do perfume que derramou sobre Jesus.	✕	As pessoas na casa deram mais importância ao valor do perfume e, considerando um desperdício a atitude da mulher, a censuraram.
O perfume era um artigo caro, mas a mulher não se importou. Ela o usou para mostrar seu amor ao Senhor, pois Ele era mais importante do que qualquer especiaria.	✕	Por ser um artigo caro, acharam que o perfume poderia ser vendido para que o dinheiro fosse dado aos pobres. Por isso, colocaram acima da presença de Jesus outros interesses e não entenderam a atitude da mulher em relação a Jesus.

E Jesus como reage?

Peça que reflitam sobre como Jesus reage à situação e **motive-os** a ler o texto em seus livros. Depois, **oriente** para que respondam a pergunta: *o que a atitude dessa mulher ensina a você?*

Comente com o grupo: um relacionamento íntimo é conviver, conversar, passar tempo com a pessoa mais próxima, cujos hábitos e vontades conhecemos. Só podemos manter um relacionamento íntimo com alguém que conhecemos profundamente.

Destaque que com Jesus não é diferente. Ele nos conhece muito bem e diz: "Já estou chegando e batendo à porta..." (Ap 3,20). Ele não desiste de nenhum de nós, quer construir um relacionamento de amor conosco, mas só vai entrar em nossa vida se nós deixarmos. Cabe a nós a decisão de ter Jesus como grande amigo ou não, de ter nossa amizade com Jesus como prioridade ou não.

Peça a cada catequizando que leia em silêncio o texto do livro, e os **oriente** para que procurem no caça-palavras como completar o parágrafo em seus livros.

Resposta:

Cabe a nós decidir se queremos ter essa intimidade com Jesus, fortalecendo e cuidando diariamente do nosso relacionamento com Ele. Essa nossa decisão tem que ser sincera e verdadeira, porque ninguém quer alguém ao seu lado por obrigação. Nem Jesus quer nossa companhia se não for de coração!

Atitudes que a Bíblia ensina

Converse com os catequizandos sobre as atitudes que encontramos na Bíblia que nos ajudam a buscar, aprofundar e manter nosso relacionamento com Jesus – elas estão descritas na figura apresentada para a atividade. **Explique** que essas atitudes são importantes para fortalecer nossa relação com Jesus.

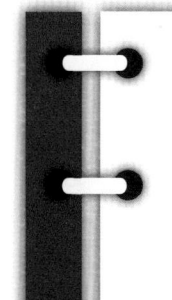

1. Orar: ficar a sós com Jesus, deixar que Ele fale ao nosso coração; Jesus muitas vezes se retirava para estar sozinho com o Pai (cf. Jo 6,1-15).

2. Cultivar: ser disciplinado na busca por Jesus, porque ninguém consegue algo sem perseverança e disciplina (cf. Lc 18,35-43).

3. Conhecer a Palavra: porque a intimidade vem do conhecimento (cf. 2Tm 3,14-17).

4. Praticar a caridade: trazer Jesus para nosso dia a dia e nossas decisões, porque Ele está onde quer que nós estejamos (cf. Mt 28,20).

5. Participar da comunidade: porque é com a comunidade que aprendemos e crescemos (cf. At 4,32-35).

6. Sinceridade: ser sincero diante de Jesus, porque Ele conhece tudo a nosso respeito e porque não há fórmulas para falarmos com Ele (cf. Fl 4,6-7).

7. Agradecer: a gratidão sempre, em qualquer situação, dá a Jesus a honra que Ele merece (cf. 1Ts 5,18).

8. Obediência: ser obediente à Palavra porque assim podemos evitar o pecado (cf. Tg 1,22-25).

9. Confiar: porque Jesus garante que o Pai cuida de nós sem cessar (cf. Mt 6,33-34).

Motive o grupo a responder os questionamentos: essas atitudes nos ajudam a ter mais intimidade com Jesus? Como?

Convide os catequizandos para uma breve prece espontânea a partir das palavras de Jesus: "Ela fez o que pôde" (Mc 14,8a).

Providencie folhas de papel sulfite. **Converse** com os adolescentes sobre o quão importante é ter relacionamentos de intimidade com as pessoas. Sem intimidade, somos incapazes de confiar ou conhecer alguém profundamente.

Peça que respondam as perguntas em seus livros e, depois, entregue a cada adolescente uma folha de papel sulfite. **Oriente**, então, para que façam duplas e procurem responder silenciosamente as mesmas perguntas que estão no livro, mas dessa vez tentando adivinhar o que seu par responderia. Depois, **peça** que apresentem um ao outro as respostas que tentaram adivinhar e corrijam um ao outro, se necessário.

É provável que nessa atividade ocorram muitos erros e poucos acertos. Quando ocorrerem acertos, **pergunte** se já conheciam seu par ou se foi apenas coincidência. **Reforce** que apenas saberíamos responder cada uma das perguntas sobre uma pessoa se nos dedicássemos a conhecê-la.

Destaque mais uma vez o versículo: "Ela fez o que pôde" (Mc 14, 8a).

Converse sobre o que envolve fazer o que está ao nosso alcance pelas pessoas.

Providencie o acesso à internet ou fotos para **apresentar** o projeto *Livro do Gabriel*, que surgiu a partir da sensibilidade de Wanderleia Farias em relação a Gabriel, um bebê que nasceu sem braços e pernas.

Wanderleia é editora e recebeu a foto de Gabriel em seu e-mail. Comovida com a história dessa criança e com os desafios que certamente enfrentaria, dedicou-se a colocar a serviço de Gabriel e sua família o seu talento pessoal: escrever. Ela escreveu um livro inspirado na história de Gabriel e iniciou a campanha para a venda de 15 mil exemplares. Todo o dinheiro arrecadado foi enviado a Roseli, mãe de Gabriel, para atender as necessidades dele. O livro contou com inúmeros apoiadores: ilustrador, gráfica, leitores e outros. Wanderleia fez o que estava ao seu alcance. Confira a seguir algumas matérias:

> » Sobre a campanha (antes de o livro ser publicado):
>
> Disponível em: <http://noticias.uol.com.br/saude/ultimas-noticias/redacao/2015/10/30/campanha-online-para-ajudar-bebe-sem-pernas-e-bracos-atinge-250-mil-pessoas.htm> Acesso em: 25 dez. 2015.

> » Site oficial do livro:
>
> Disponível em: <http://livrodogabriel.com.br/> Acesso em: 25 dez. 2015.

> » Página oficial do livro:
>
> Disponível em: <https://www.facebook.com/livroGabrieloficial/?fref=ts> Acesso em: 25 dez. 2015.

Converse com os adolescentes sobre o exemplo de Wanderleia: sua atitude é um convite a reflexão sobre quais habilidades poderíamos exercitar para fazermos o que está ao nosso alcance pelas pessoas. **Oriente** os adolescentes para que, baseados em sua resposta à última pergunta (*Qual é a sua melhor habilidade?*), respondam em seus livros: como colocar sua melhor habilidade a serviço das pessoas?

Destaque que nossas atitudes de amor ao próximo, como aquela apresentada pela mulher no texto bíblico em relação a Jesus, não precisam ser grandiosas. É importante apenas que sejam sinceras e revelem nossa dedicação em fazer o que está ao nosso alcance.

Dica

Se desejar pode apresentar:

» Foto de um pai protegendo seu filho da chuva: <http://www.paisefilhos.com.br/noticias/voce-viu-pai-do-guarda-chuva-faz-sucesso-na-internet/> Acesso em: 25 dez. 2015. O amor dele pelo filho está claramente expresso na simples atitude de protegê-lo com o guarda-chuva. Sugere-se explorar que o exemplo do pai ensina mais do que manter o filho seco; ensina como se preocupar com os outros.

» Vídeo sobre a iniciativa do maestro Gareth Malone ao ensinar canto a pessoas com dificuldades para respirar, vítimas da Doença Pulmonar Obstrutiva Crônica. O Breathless Choir (Coral sem Fôlego) se apresentou em Nova Iorque: <http://bestofweb.com.br/post/coral-se-folego> Acesso em: 25 dez. 2015.

CRISTÃO de *Prática*

Comente que não existe uma norma definindo como devemos cuidar da nossa relação com Jesus para crescer nossa intimidade com Ele. Cada pessoa descobre seu jeito, e tudo o que é feito com amor e sinceridade é agradável a Jesus.

Após a leitura do texto do livro, **explique** que cada um dos catequizandos vai procurar seu jeito de aproximar-se de Jesus, buscando, com perseverança, cuidar do seu relacionamento com Ele. **Lembre** os catequizandos de que Jesus não espera coisas grandiosas de nós, muito menos sacrifícios; Ele apenas quer que busquemos com sinceridade sua companhia e deixemos que esteja conosco em todos os momentos.

Senhor, escuta a minha voz!

"Provai e vede como é bom o Senhor!"

Essas palavras do salmista revelam, com entusiasmo, a experiência da ação de Deus em sua vida. Só quem se faz próximo de Deus é capaz de perceber sua ação em nosso favor a todo tempo e lugar.

Convide os catequizandos para que rezem juntos o Sl 33(34), observando os versículos indicados no livro.

O desafio de viver a
nossa fé

12

Objetivo ⟶ Compreender que para sermos verdadeiros cristãos devemos mostrar coerência entre nossa fé e nossa vida, entre o que cremos e o modo como vivemos.

Providencie: um recipiente de vidro vazio, que será colocado no centro da sala de encontros, e uma jarra com água.

Para iniciar o encontro, **peça** que todos se coloquem à volta do recipiente e **convide** para um momento celebrativo.

Diga que a água é a graça de Deus que vem até nós. Ela nos recorda o nosso Batismo: água que purifica, que nos renova e nos faz renascer em Cristo. Enquanto isso, **transfira** a água da jarra para o recipiente e depois **convide** cada catequizando a aproximar-se, molhar sua mão na água e fazer, com calma, o sinal do cristão, que é o sinal da cruz. Enquanto faz o sinal da cruz, cada um diz em voz alta: "Em nome do Pai e do Filho e do Espírito Santo. Amém". **Faça** você também esse gesto.

Conclua dizendo que essa é a nossa fé: cremos em Deus Pai todo-poderoso, que nos criou, em seu Filho Unigênito Jesus Cristo, que nos redimiu, e no Espírito Santo, que nos anima. Esse é o nosso Deus, um só Deus, três pessoas.

Peça que olhem a imagem de abertura do tema e digam que valores percebem na cena apresentada.

Comente com os catequizandos que o tema desse encontro é como vivemos a nossa fé: apenas repetindo palavras ou com ações no dia a dia?

Peça que leiam o texto inicial do livro, lembrando que a fé é um dom de Deus que recebemos no nosso Batismo (uma das virtudes teologais) e que é nossa responsabilidade cuidar para que ela cresça e produza boas obras. **Diga** que isso é um exercício constante em nossa vida e muitas vezes temos que lutar diante de situações que nos fazem ter dúvidas ou desanimar na vivência da nossa fé.

A partir da leitura do texto do livro, **converse** com o grupo sobre situações semelhantes. O que pensam sobre a atitude do Marcelo?

Pergunte como os adolescentes se veem: mais parecidos com o Marcelo ou com a Cristina?

Dizendo que ouvir Jesus nos ajuda a refletir sobre nossas atitudes, **motive** os catequizandos para a proclamação da Palavra de Deus com um canto de aclamação.

Convide um dos participantes para proclamar a Palavra.

Proclamação da Palavra – Mt 7,21-23

Algumas **ideias** para conversar com o grupo

O evangelista Mateus denuncia a separação entre fé e vida, entre falar e fazer, ensinar e praticar. As contradições apresentadas continuam atuais, porque há pessoas que falam muito de Deus e se esquecem de fazer sua vontade, usam o nome de Jesus com frequência e não mostram na vida sua relação com Ele (Mt 7,21).

A Palavra deve fazer sentido em nosso dia a dia, produzir transformações em nós e em nosso meio. Jesus espera que, ouvindo sua Palavra, nós a pratiquemos. Ele disse que seremos julgados não pelo que ouvimos e fomos capazes de repetir, mas pelo que fizemos com o que ouvimos.

Nesta passagem encontram-se duas grandes verdades eternas: há somente uma forma de demonstrar sinceridade, e é na prática, pois palavras bonitas não substituem boas ações; há uma só prova de amor, e é a obediência, pois de nada vale dizer que amamos alguém e a ofendermos com nossas palavras e atitudes.

Para nos ajudar a praticar o bem, Deus nos dá os dons do Espírito Santo e as virtudes da fé, da esperança e da caridade; o centro da nossa fé deve ser o amor e a vontade de imitar Jesus, e não a obrigação de cumprir normas ou repetir palavras.

Depois da reflexão sobre o texto bíblico, **pergunte** aos adolescentes: o que é ser um bom cristão?

Forme pequenos grupos para ler e conversar sobre as ideias apresentadas no texto do livro. **Destaque** que precisamos ir além de só escutar a Palavra de Deus, pois ela deve estar presente em todas as nossas atitudes.

Fale sobre as atitudes dos personagens da história lida anteriormente, comparando-as às atitudes do cristão. Marcelo "pratica sua fé"? E Cristina?

Convide para continuar a leitura do texto do livro e **explore** o sentido da afirmação do apóstolo Paulo: como é o Reino feito de ações? **Lembre** que quando colocamos as pessoas em primeiro lugar e pensamos no bem-estar do outro construímos o Reino de Deus. Por isso Deus pede atitudes concretas e não discursos vazios. **Pergunte** o que os adolescentes pensam sobre a expressão falar menos e fazer mais, e a que ela se refere, no contexto do encontro.

Questione o que os catequizandos compreendem como corrupção e **motive** a leitura do texto, preparando para a atividade.

Apresente aos adolescentes o vídeo do Prof. André Azevedo da Fonseca sobre a corrupção no dia a dia:

O vídeo aborda vários questionamentos sobre a cultura da corrupção e convida a refletir sobre a dificuldade para mudar a sociedade enquanto as pessoas não avaliarem as consequências sociais das suas atitudes.

Disponível em: <https://youtu.be/G-CEfgdl450> Acesso em: 27 dez. 2015.

Comente: quando somos incoerentes entre o que dizemos e o que fazemos, não conseguimos promover a justiça, a ética e o respeito. Isso porque um mundo mais digno, acolhedor e no qual todas as pessoas têm seus direitos respeitados depende exclusivamente das atitudes de cada um. Se dizemos que queremos uma sociedade com menos corrupção e mais amor ao próximo, não podemos esperar que essa realidade se construa sem a nossa ajuda. Da mesma forma, se dizemos que somos cristãos, não podemos expressar atitudes que ferem a nós mesmos ou ao próximo e esperar que dessas atitudes seja construído o Reino de Deus.

Converse com os adolescentes sobre por que as pessoas agem de modo corrupto. **Destaque** como o ato de furar a fila, por exemplo, pode influenciar negativamente a sociedade. Para isso, **leia** o texto no livro dos adolescentes.

Comente que o texto apresenta dois lados cruéis do comportamento corrupto:

» O **primeiro** se refere ao próprio sujeito corrupto, que obtém privilégios desrespeitando os outros.

» O **segundo** se refere à pessoa prejudicada, que se sente impotente diante da corrupção. Esse sentimento leva à desesperança de que o mundo pode ser melhor; passa-se a conviver com a cultura da corrupção como se não fosse possível alterá-la. Esse raciocínio pode levar a pessoa a sentir-se tola por agir com decência e, inspirada negativamente, passar a agir de modo corrupto "porque todos agem".

Explore que o simples ato de furar a fila, portanto, não apenas desrespeita o próximo, mas fere sua crença na possibilidade de se construir uma realidade mais justa. Por esse motivo, é importante não expressar atitudes corruptas e, quando possível, não tolerar a corrupção. Para isso, convém **conversar** sobre como proteger nossos direitos de um modo socialmente aceitável, sem agir com agressividade. **Oriente** para que respondam à atividade em seus livros sobre como reagiriam na ocasião de alguém furar a fila.

Pergunte aos adolescentes: como demonstramos coerência em nossa vida cristã? **Converse** sobre as respostas e apresente situações nas quais não somos coerentes. **Incentive** para que os exemplos sejam de autoria deles. **Peça** que escrevam um resumo das suas considerações no livro.

Depois, **finalize** esse momento ressaltando que, assim como a corrupção pode inspirar as pessoas a agir corruptamente, a bondade pode inspirá-las a agir bondosamente. O cristão que é coerente em suas palavras e atitudes se torna uma testemunha real de que é possível construir o Reino de Deus no dia a dia.

Sugere-se apresentar o vídeo *A bondade é contagiante*.

Disponível em: <https://youtu.be/O-4 OUH_qcLA> Acesso em: 15 dez. 2015.

Forme grupos para continuar a leitura do livro; **peça** que conversem, a partir do texto, sobre ter fé, praticar a fé, fazer a vontade de Deus, construir o Reino.

Questione: por que nossa fé fica enfraquecida quando não a praticamos? E por que, ao contrário, nossa fé é fortalecida quando vivemos o que falamos?

Peça que os grupos conversem sobre as ideias do texto. **Explore** que ter fé não é cumprir obrigações, muito menos cumpri-las sem compreender seu sentido. Nossos compromissos cristãos devem ser assumidos porque entendemos seu valor e sua importância em nossa vida. Quando isso acontece, nós nos tornamos colaboradores de Deus na construção do seu Reino. **Pergunte:**

> » O que os catequizandos pensam sobre não assumir os compromissos de ser cristão, mesmo afirmando ter fé?
>
> » Por que algumas pessoas se sentem incomodadas com a proposta de vida que Jesus nos faz?

Peça aos catequizandos que pensem depois compartilhem suas respostas às questões apresentadas no livro.

Solicite aos adolescentes que, em duplas, realizem a atividade em seus livros. **Comente** que reconhecer o seu compromisso cristão nos diferentes ambientes de convívio é muito importante para saber como praticar a fé em cada um deles. **Promova** um momento de partilha das respostas, elegendo algumas delas para dar destaque. **Comente** sobre os motivos para que as atitudes abordadas pelo grupo tenham sido consideradas como expressões do compromisso cristão do adolescente e **questione:** o que essas atitudes têm em comum (o amor ao próximo, a justiça, a solidariedade, o respeito às diferenças...)? O que precisamos para praticá-las?

Convide os catequizandos para uma breve prece espontânea a partir do versículo: "quem fizer a vontade de meu Pai" (Mt 7,21b).

Comente: nosso crescimento pessoal acontece com a ajuda do testemunho da família, do exemplo das pessoas mais velhas, das experiências de vida que acumulamos, do conhecimento que adquirimos, das amizades que conquistamos. Aprendemos e nos fortalecemos, tornamo-nos conscientes de quem somos e do que queremos. Assim também acontece com nossa vida de fé: crescemos na fé contando com ajuda.

Explique: cada pessoa, com suas atitudes e ações, com coerência e convicção, mostra ao mundo aquilo que Deus quer comunicar às pessoas. **Motive** a leitura do texto e **explore** a frase em destaque (cf. 2Cor 3,3). **Pergunte:** o que significa ser uma carta viva de Cristo para o mundo hoje?

O Evangelho que meu irmão lê

Questione: o que significam as palavras da Madre Teresa de Calcutá: "Tome cuidado com sua vida, pois ela pode ser o único Evangelho que seu irmão lê"?

Providencie: uma grande folha de papel (podem ser unidas várias folhas de papel sulfite), canetas coloridas, giz de cor, revistas.

Motive o grupo com algumas questões: o que as pessoas podem ler em nós? Elas enxergam em nosso olhar a alegria de ser cristão? Será que fazemos a diferença na vida das pessoas da nossa família ou daqueles com quem convivemos?

Peça, depois, que apresentem uma cena da vida real mostrando as respostas às questões propostas. Podem ser usados desenhos, recortes ou frases formando um cartaz, que ficará exposto na sala da catequese ou em outro lugar visível da comunidade.

Dica

No lugar do cartaz, sendo possível, pode ser feito um pequeno vídeo – a ser exibido no encontro seguinte – no qual os grupos representam as cenas que construíram.

CRISTÃO de Prática

A partir da leitura do texto, **motive** o grupo a assumir o compromisso proposto, encontrando maneiras de praticar a fé no dia a dia.

Senhor, escuta a minha voz!

Proponha um momento de silêncio para que cada um possa pensar sobre como pode viver sua fé, e **convide** os catequizandos para que rezem juntos a oração sugerida no livro.

13

É assim a minha fé

Providencie uma folha de papel grande, cola ou fita adesiva; **fixe** a folha de papel em uma base mais firme (como papelão) sobre uma mesa. Para formar uma casa: **corte** em papel cartão um retângulo maior, que será o chão, dois retângulos idênticos, menores, que serão as paredes, e um telhado.

Com a ajuda dos catequizandos, **forme** a "casa da fé": **faça** perguntas conforme as ideias apresentadas, escreva as respostas nas partes correspondentes (chão, paredes...) e, com elas, construa a "casa da fé".

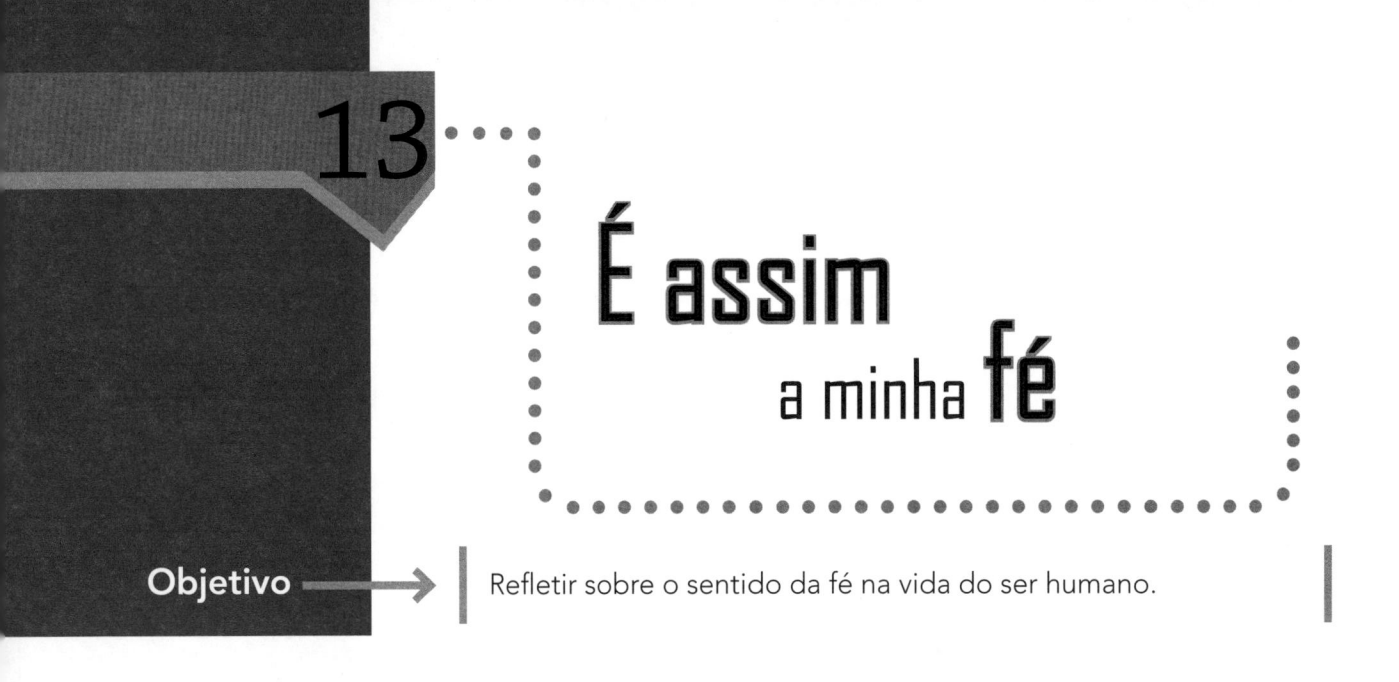

Telhado = **confiança plena em Jesus**: quem conhece os fatos sobre Jesus segundo as Escrituras, aceita-os como verdade mas não confia em suas palavras, não tem uma fé verdadeira; a fé cristã é decisão livre pela qual nos entregamos confiantes nas mãos de Jesus Cristo e guiamos nossa vida conforme seus ensinamentos.

Paredes = aceitação no coração e compromisso com o projeto de Deus: uma coisa é conhecer o que dizem as Escrituras sobre Jesus Cristo, outra é crer que são verdades. Podemos crer intelectualmente nas verdades da fé, sem aceitá-las em nosso coração; a fé é a aceitação daquilo que reconhecemos ser verdade. Sem aceitarmos verdadeiramente a proposta de vida que Deus preparou para nós e sem nos comprometermos a viver segundo essa proposta, não poderemos viver a fé, ficaremos apenas no conhecimento.

Chão = conhecimento de Deus: a fé está baseada no conhecimento de Deus, que se revela nas Escrituras e que foi plenamente revelado em Jesus Cristo; a fé se desenvolve por meio do conhecimento de Deus e da doutrina cristã ensinada por Jesus.

Explore a imagem de abertura do tema, questionando os adolescentes sobre as ideias transmitidas.

Apresente o tema desse encontro: quem tem uma fé verdadeira em Jesus Cristo, nele confia plenamente.

Diga que os gestos, as palavras e as atitudes de Jesus falavam de Deus para aquelas pessoas, que se descobriam muito amadas por Ele. A fé do povo nascia e crescia a esperança de que aquilo que aguardavam – a vida digna – poderia acontecer.

Comente: muitas pessoas que conhecemos ao longo da vida deixam, de alguma maneira, marcas em nós: uma professora, um colega, um vizinho, um primo a quem não encontramos com frequência. Também em relação às questões de fé é assim. **Pergunte** ao grupo: que pessoas se tornaram seus primeiros exemplos de fé, e como elas demonstravam sua fé?

LIGADOS na

Convide um catequizando para ler o texto do livro, **converse** com o grupo sobre as questões propostas e **peça** que as respondam.

Com um canto de aclamação, **motive** o grupo para a escuta da Palavra de Deus. **Convide** dois catequizandos para uma leitura dialogada da Palavra.

Proclamação da Palavra – Mt 8,1-10

As palavras de Jesus "nem mesmo em Israel" significam que aquele homem, que não pertencia ao povo da aliança, manifestou uma fé muito grande, até mesmo maior do que se poderia imaginar para um israelita.

Jesus se surpreendeu porque: o homem recorreu a Ele e não aos deuses que conhecia, romanos e gregos, nos quais aprendera a confiar, movido pelo amor e pela compaixão por seu empregado; o centurião demonstrou grande humildade, reconhecendo sua pequenez diante de Jesus.

A palavra de Jesus concede a salvação ainda que pronunciada à distância, acalma o mar, faz desaparecer o sofrimento e a fome, acaba com a pobreza, liberta do pecado e do medo, cura a doença, restitui a dignidade e a paz. Jesus é a Palavra viva de Deus. Ela é capaz de transformar radicalmente nossa vida e a sociedade à nossa volta.

Algumas ideias para conversar com o grupo

Ter verdadeira fé é abandonar totalmente os próprios recursos e entregar-se completamente à misericórdia de Deus.

O centurião é um anônimo; essa passagem nos ensina um grande segredo da fé: devemos desaparecer, para que só Jesus apareça.

A história do centurião é um exemplo de fé e como ela deve ser praticada; ela nos desafia a crer sem exigir evidências.

Jesus Cristo só em duas ocasiões fez elogios a alguém por sua fé: ao centurião e à mulher cananéia (Mt 15,21-28); ambos eram pagãos, mas creram em Jesus.

Conduza uma reflexão sobre o texto bíblico escolhido, destacando as atitudes do centurião que demonstram sua fé. **Ajude** os catequizandos a identificar as características da fé do centurião que tanto agradaram a Jesus.

Volte à figura da casa construída ao iniciar o encontro, para que o grupo a relacione às características da fé do centurião.

Recorde as atitudes do Heitor, na pequena história lida anteriormente, e **peça** aos catequizandos que as comparem às atitudes do centurião do texto bíblico, escrevendo suas ideias no livro.

Sugestão: coloque o refrão "Onde reina o amor, eterno amor, onde reina o amor, Deus aí está" e **comente** que a prova mais visível de Deus é seu amor pela humanidade.

Continue a leitura do texto do livro e **peça** que cada catequizando reflita sobre as características da própria fé para responder a questão: Jesus ficaria admirado com sua fé?

Continue a leitura do texto do livro destacando a confiança do centurião em Jesus. **Explore:** tudo o que dizemos em uma celebração eucarística tem origem bíblica. **Lembre** ao grupo que, em toda celebração eucarística, repetimos as palavras do centurião, cuja fé foi elogiada por Jesus e, ao repeti-las, afirmamos nossa confiança plena em Jesus.

Convide os catequizandos para uma breve prece espontânea a partir das palavras do centurião: "Senhor, eu não sou digno de que entreis em minha casa" (cf. Mt 8, 8a).

Pergunte aos catequizandos: o que aprendemos com a atitude de fé do centurião romano? Depois da manifestação do grupo, **motive** a leitura do texto do livro.

Explique: crer no invisível é não exigir provas nem milagres de Deus para nele acreditarmos e nele colocarmos nossa confiança e nossa esperança. Nossa fé é fortalecida diante de tantas pessoas, conhecidas ou anônimas, que são grandes exemplos de solidariedade, de fraternidade, de bondade, atitudes tão prezadas por Jesus; elas nos falam de Deus e nos ajudam a crescer na fé.

Comente que o apóstolo Tomé é um exemplo de quem não acreditou sem ver o Senhor diante dos seus olhos (cf. Jo 20,24-25) e, por isso, recebeu a crítica de Jesus: "Porque me viste, acreditaste. Felizes os que não viram e creram" (cf Jo 20,29). **Questione** o grupo: como podemos comparar as atitudes de Tomé e do centurião romano? O que aprendemos?

Ver além das aparências

Apresente o vídeo *6 pessoas ficam amigas na escuridão; quando as luzes se acendem, todas ficam chocadas com o que veem.*

O vídeo em questão é uma propaganda promovida pela Coca-cola cuja mensagem final é: *Rótulos são para latas, não para pessoas.*

Disponível em: <https://youtu.be/RWM1jx1yvKY> Acesso em: 13 dez. 2015.

Comente a mensagem inicial do vídeo, sobre ser necessário apenas 7 segundos para que julguemos uma pessoa pela aparência, e **pergunte** qual é a relação dessa informação e o comportamento de "ver para crer". **Apresente** situações-problema nas quais as aparências enganam e quantas boas oportunidades perdemos ao nos deixarmos influenciar pelas roupas, tatuagens, *piercings* ou cor da pele de alguém.

Comente que, assim como o vídeo apresenta, não devemos depender da nossa percepção para crer na existência de Deus ou na integridade de uma pessoa. Apenas quando nos permitimos interagir com Deus e com o outro é que eles se revelam a nós.

Motive o grupo a ler e responder a questão proposta no livro.

Crer para ver

Providencie folhas de papel e as distribua aos catequizandos.

O grupo deve ser orientado a escrever uma história intitulada *Crer para ver*, dirigida às crianças que iniciam a caminhada na Catequese. Nessa história devem aparecer situações comuns que mostrem uma fé como aquela manifestada pelo centurião.

Os catequizandos podem escrever a história para ser lida para as crianças menores, fazer um roteiro para uma encenação ou, ainda, fazer um livro de história em quadrinhos.

Faça com o grupo a leitura do texto do livro e **explique** o sentido do compromisso proposto. **Reforce** a importância de "olhar com os olhos do coração" as situações e as pessoas para não agir ou julgar precipitadamente, permitindo-se manter a fé na ação invisível de Deus.

Senhor, escuta a minha voz!

Motive os catequizandos para que façam suas preces espontâneas, agradecendo a Deus o dom da fé recebido no Batismo. É importante acolher as preces elaboradas pelos adolescentes, com sua forma de expressão própria.

A resposta, se preferir, pode ser cantada.

14

Confiar no Deus da vida

Objetivo ⟶ | Reconhecer a importância de confiar na Providência Divina para nossa vida e para nosso compromisso com o Reino.

Acolha os catequizandos demonstrando alegria com sua presença no encontro. **Entregue** a eles um pequeno cartão com a frase "age como se tudo dependesse de ti, mas consciente de que na realidade tudo depende de Deus"[6].

Proponha ao grupo, se quiser, ouvir e pensar sobre a música *Dias melhores*[7] *(Jota Quest)*. Depois **questione**: o que vivemos esperando? Por que esperamos? Que atitudes temos nessa espera?

Peça que leiam a frase do cartão que receberam, pensem e, depois, compartilhem: o que temos, o que esperamos, o que fazemos?

Faça uma tempestade de ideias explorando a figura de abertura do tema.

Motive o grupo para a leitura do texto inicial e **apresente** o tema do encontro: vamos descobrir que devemos lutar pelas coisas da vida, sem nunca esquecer que Deus cuida de sua obra e de cada um de nós.

Comente: todos nós temos muitas atividades, nosso tempo é quase todo ocupado com afazeres e tarefas; somos exigidos, somos cobrados, e tudo isso gera preocupação, isto é, nos faz ficar inquietos, com a mente e o coração ocupados com alguma ideia fixa.

Forme duplas para a leitura do texto do livro; depois, **peça** que conversem sobre as questões propostas e as respondam. **Explore** a importância de não permitirmos que nossas preocupações prejudiquem o nosso modo de viver e a nossa fé de que Deus nos ajudará a enfrentar os obstáculos.

---

6   Angelus. Disponível em: <http://w2.vatican.va/content/benedict-xvi/pt/angelus/2012/documents/hf_ben-xvi_ang_20120617.html> Acesso em: 12 out. 2015.

7   Disponível em: <http://www.youtube.com/watch?v=Gkpd4nXMzy8> Acesso em: 12 out. 2015.

LIGADOS na

Lembre que temos alguém que conhece profundamente nossas necessidades, porque se fez homem igual a nós: Jesus, que nos garante que Deus cuida da nossa vida.

Peça que leiam o texto do livro, destacando que no mundo existem sinais do cuidado de Deus, mas é preciso saber enxergá-los e confiar, porque Deus faz o que diz, e para Ele somos preciosos (cf. Is 43,4).

Motive o grupo para a escuta da Palavra de Deus com um refrão meditativo.

Convide um dos catequizandos para proclamar a Palavra.

Proclamação da Palavra – Lc 12,22-34

Comente que o Evangelho desse encontro é continuação do texto sobre o qual refletiram no tema 10, sobre o rico insensato (Lc 12,13-21), e complementa o entendimento sobre a verdadeira riqueza e porque acumular bens não é segurança de vida plena.

O texto é um hino à confiança na misericórdia do Pai, à qual devemos entregar nossas preocupações. Confiar na misericórdia de Deus é fazer tudo como se dependesse só de nós, sabendo que tudo é obra de Deus.

Jesus diz que se nos colocarmos como filhos de Deus e seus discípulos, procurando fazer em tudo a vontade de Deus, não precisaremos temer: Ele suprirá nossas necessidades terrenas porque sabe do que precisamos (Lc 12,30).

Algumas **ideias** para conversar com o grupo

Jesus alerta sobre não se valorizar o que precisa ser valorizado: bens terrenos ou a vida, o que é mais importante? Devemos cuidar de nós mesmos e daqueles que estão a nossa volta, sempre confiantes no amor de Deus.

Devemos compreender o valor que temos para Deus (Lc 12,25-26.30). Quando associamos o amor de Deus à ausência de desafios, ou quando não somos valorizados, temos dificuldade em acreditar que somos valiosos para Deus.

Deus nos dá constantemente sinais claros de que nunca nos faltará seu sustento: assim é com lírios e pardais, assim é também conosco. Jesus nos estimula a confiar no amor de Deus, e não existe fé sem confiança.

Motive a leitura do texto do livro, explicando o sentido da confiança total em Deus e da Providência Divina, que é o cuidado permanente de Deus dirigindo tudo à perfeição. Ele não age sozinho, mas por meio da inteligência e da liberdade humana. Quando a liberdade humana erra, a Providência corrige com a misericórdia e a inspiração do Espírito. Se não acreditarmos na Providência de Deus nos fazemos prisioneiros da fatalidade, do destino, do acaso, da sorte ou do azar, dos astros e dos espíritos.

Explore como Jesus procura nos fazer entender o cuidado de Deus conosco, seus filhos: as aves do céu e os lírios do campo. **Destaque** que confiar não é cruzar os braços ou ser preguiçoso.

As aves, que Jesus usa como sinal do cuidado do Pai, não ficam paradas a espera do alimento, mas voam em busca do que precisam para viver. Assim como cada ave do céu e cada flor nos campos não são criaturas inúteis e desempenham um papel na natureza, nós devemos nos colocar a serviço de Deus, como instrumentos úteis, amparando os irmãos.

Explore os exemplos de situações comuns que enfrentamos, questionando os catequizandos sobre o que pensam sobre elas e que reações têm ou teriam se as enfrentassem.

Explique que Deus não quer que sejamos pessoas totalmente despreocupadas nem alienadas, porque crer na providência divina não é limitar-se a esperar que Deus "resolva nossos problemas", mas envolve reconhecer não estar sozinho ao enfrentar uma situação e sentir-se fortalecido por Ele ao vivenciá-la. Deus sofre com os sofrimentos de seus filhos e carrega seus fardos. Não existe destino, nem acaso, nem poder dos astros: estamos no coração e nas mãos de um Pai providente, santo, sábio.

Deus sabe do que somos capazes mais do que nós mesmos sabemos

Explique que apresentará o divórcio dos pais como uma situação enfrentada por muitos adolescentes, que pode levá-los a se sentirem sozinhos, sem conseguir reconhecer que Deus os está amparando e fortalecendo para superá-la. Se necessário **convide** o pároco, um diácono ou um seminarista para apresentar aos adolescentes como os divorciados são acolhidos na Igreja.

Problematize como o divórcio dos pais pode afetar a vida dos adolescentes, questionando:

> » Quais são as possíveis razões que levam um casal a se divorciar?
>
> » E quais são os sentimentos que os adolescentes poderiam ter em meio a essas circunstâncias?

Após ouvir os comentários dos adolescentes **reflita** que as mudanças que o divórcio traz à vida dos filhos podem gerar insegurança, raiva, frustração e tristeza. **Destaque** que alguns passam a expressar seus sentimentos com atitudes que podem prejudicá-los.

Enfatize que a decisão de um casal de se separar envolve, geralmente, muitas experiências que os levaram a perceber que sua união estava insustentável. **Converse** sobre como a decisão pode ser difícil para o casal, justamente por saber que influenciará a vida dos seus filhos.

Questione quais são as possíveis consequências do divórcio na vida dos filhos, tais como: falta de contato com mãe/pai, falta de explicação por parte dos pais em relação ao divórcio, influência dos sentimentos dos pais sobre os filhos, mudança de casa – às vezes de cidade ou estado –, não ter com quem compartilhar seus sentimentos, não se sentir ouvido pelos pais...

Afirme que o divórcio de um casal não deve privá-lo de desempenhar seu papel de pai e mãe dos filhos. Da mesma forma, é importante que os filhos estejam dispostos a preservar o seu relacionamento com os pais depois do divórcio. Para isso, **ressalte** que o adolescente pode escolher como reagir em relação aos seus pais: se expressará mágoa ou se estará aberto para o perdão; se expressará revolta ou estará aberto para a reconciliação.

Questione:

» Como podemos ajudar um amigo que está vivendo a experiência do divórcio dos pais?

» Quais as atitudes que um adolescente cristão pode ter diante do divórcio de seus pais?

» Como a fé e confiança em Deus podem nos ajudar a enfrentar situações difíceis semelhantes a esta?

Reforce que a confiança em Deus não se mostra em esperar que a situação seja revertida, mas em ter atitudes positivas que contribuam para a convivência harmoniosa de todos, conforme nosso compromisso com a proposta de Jesus, de sermos colaboradores na construção do Reino.

Encerre este momento apresentando aos catequizandos os Dez ensinamentos do Papa Francisco sobre a família.

O texto está disponível em: <http://jovensconec tados.org.br/dez- ensinamentos-do-papa-francis co-sobre-a-familia.html> Acesso em: 01 fev. 2016.

Solicite que os adolescentes produzam, em duplas, um texto de até quinze linhas com uma personagem que, enfrentando alguma situação difícil, se sente fortalecida pela fé no momento de tomar uma importante decisão. **Oriente** para que os adolescentes destaquem o quão longe podemos ir mesmo quando a situação parece complexa demais para ser resolvida; o quanto cada um de nós pode ser um sobrevivente. **Promova** um momento de partilha e **faça** comentários específicos sobre cada apresentação.

Dica

Se desejar, **explore** outras situações-problema que as pessoas podem ter dificuldade de resolver quando se sentem sozinhas, tais como: enfrentar o bullying, proteger seus direitos, sair de um relacionamento abusivo (violência contra a mulher, assédio moral), lidar com o desemprego, superar o abuso de drogas, e outras. É importante sempre **ressaltar** que a confiança em Deus fortalece as pessoas e as ajuda a tomar decisões e administrar seus problemas, pois sabem pois sabem que seu amor as estará amparando.

Comente: nossa vida é uma obra-prima de Deus e Ele continua trabalhando em nós. Ele faz questão de que sejamos seus parceiros, em nossa vida e na busca de um mundo melhor para todos, porque isso é nossa parte. **Explique** ao grupo que Jesus, ao dizer que devemos buscar primeiro o Reino (e não buscar apenas), reconhece e valoriza nossa luta diária por uma vida digna, nosso empenho em superar dificuldades.

A partir desse comentário, **faça** a leitura do texto do livro e, depois, **peça** que, em pequenos grupos, conversem sobre as ideias apresentadas e o sentido de lutar pelas coisas da vida sem deixar de confiar primeiramente no Pai.

Convide os catequizandos para uma breve prece espontânea a partir das palavras de Jesus: "Não tenhais medo, pequeno rebanho..." (Lc 12,32a).

Motive a leitura do texto do livro dos adolescentes e **peça** que respondam: que atitudes tem quem confia realmente em Deus?

Compare e **comente** as atitudes apontadas pelo grupo.

Com a leitura do texto do livro dos adolescentes, **motive** o grupo a assistir ao vídeo.

Apresente o vídeo *Esperar em Deus*.

Disponível em: <https://www.youtube.com/watch?v=uYmZrMs_eTM> Acesso em: 15 dez. 2015.

Problematize o quão difícil algumas vezes é esperar, especialmente porque somos imediatistas e ansiamos por obter rápido retorno aos nossos apelos. Nós também somos exigentes e não apreciamos viver experiências de perda ou luto. Quando não estamos realmente abertos a acolher os planos Deus, independentemente de quais sejam, não vivemos uma experiência verdadeira de esperá-lo. Buscamos o apoio de Deus aos nossos sonhos e não necessariamente aquilo que Ele tem reservado para nós. Esperamos, mas com condições. E essa espera condicionada aos nossos desejos pessoais não é, definitivamente, esperar em Deus.

Comente que nossa perspectiva é limitada, pois somos capazes de pensar no que queremos hoje, no que fomos atendidos ontem e no que vamos precisar, talvez, amanhã. No entanto, cada cuidado de Deus é uma parte muito pequena do que Ele prepara para nós durante nossa vida. Por isso, podemos não entender imediatamente alguns dos seus desígnios, mas certamente os entenderemos depois.

Solicite que os adolescentes realizem a atividade em seus livros individualmente, refletindo sobre momentos curtos ou longos de espera que valeram ou valem a pena. **Dê** exemplos desses momentos: constituir família, maternidade/paternidade, estudar... (para qualquer pessoa); nascimento de um(a) irmãozinho(a), namorar... (para si mesmo).

A proposta dessa atividade é provocar uma reflexão sobre nosso agir em favor do Reino e nossa confiança na Providência Divina. Os catequizandos – como um único grupo ou divididos em grupos menores – devem ser incentivados a olhar para a realidade da vida das pessoas a sua volta, suas atitudes e suas reações, e fazer um vídeo ou uma dramatização a partir desse olhar.

Peça que escolham um título para o vídeo (ou dramatização) e, ao apresentá-lo, destaquem a mensagem que querem transmitir. É importante definir a duração do vídeo e escolher uma ocasião para sua exibição para outros grupos da catequese ou, até mesmo, em um encontro da comunidade.

Senhor, escuta a minha voz!

Inicie o momento de oração com um instante de silêncio e **peça** que cada um pense em como pode ser instrumento de Deus.

Convide o grupo para que juntos rezem a Oração pela paz.

A missão
não é fácil,
mas vale a pena!

Objetivo ──→ Compreender que o cristão assume sua missão enfrentando desafios e dificuldades, confiante naquele que o envia.

Após uma acolhida alegre, **diga** qual é o tema do encontro: cada um de nós recebe de Jesus a missão de anunciar a Boa Nova do Evangelho em todos os lugares onde estivermos.

Explore a imagem de abertura do tema, questionando sobre as ideias transmitidas.

Para iniciar a reflexão sobre o tema, **diga** que uma das coisas mais bonitas que recebemos de Jesus é a missão de ser um enviado em seu nome. Ter uma missão é ser um enviado.

Motive a leitura do texto inicial do livro e **pergunte** quem já percorreu uma trilha: qual trilha, dificuldade do percurso, motivo, companheiros, sensações.

Usando a ideia de percorrer uma trilha para alcançar um lugar privilegiado, **apresente** nossa vida como essa caminhada. **Motive** a leitura do texto, explorando a associação de ideias: o que encontramos ao percorrer a trilha? O que encontramos na caminhada da nossa vida?

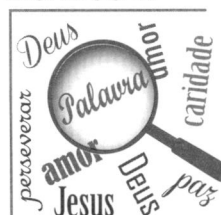

LIGADOS na

Comente: Jesus anunciou o Reino de várias maneiras. Ele nunca deu uma definição, mas pistas que nos permitem entender o que Deus quer para nós, seus filhos e filhas. Jesus quer que continuemos sua missão entre os homens de hoje; portanto, nossa missão deve levar vida a todas as pessoas a nossa volta.

Depois da leitura do texto do livro, **motive** o grupo para a escuta da Palavra de Deus com um canto de aclamação.

Convide um dos catequizandos para proclamar a Palavra.

Proclamação da Palavra – Mc 6,7-13

Jesus deu aos discípulos poder sobre os espíritos maus, e esse poder permanece em todos os tempos na Igreja. Espíritos maus são aquilo que se opõe ao Reino, que contraria os valores do Reino.

Vocação e missão, chamado e envio (Mc 6,7). Os discípulos são enviados para expulsar o mal que está na comunidade e para convidar à conversão; o Reino de Deus cresce quando os espíritos maus (reino da morte e do pecado), que degradam a vida humana, são derrotados.

Algumas **ideias** para conversar com o grupo

Os discípulos são enviados com autoridade por participarem da missão do Mestre. Essa autoridade está a serviço do anúncio do Reino, e não em benefício próprio.

O que sustenta a caminhada dos discípulos é a oração e a vida coerente com os ensinamentos do Mestre (sandálias nos pés); o que os protege na caminhada (a túnica) é a perseverança na missão.

Nossa vocação cristã (chamado a seguir Jesus) não está baseada em méritos pessoais, mas no amor e na gratuidade de Deus que nos chama, e no nosso sim a esse chamado.

Jesus não envia os doze para longe e ensina que nossa missão começa junto às pessoas mais próximas com as quais convivemos.

Mesmo não sendo bem recebidos, a missão dos discípulos (anunciar) estaria completa, porque a não aceitação desse anúncio não era sua responsabilidade.

Jesus envia os discípulos dois a dois, demonstrando a comunhão que quer que exista entre nós e entre Ele e nós, e ressaltando o sentido da vida em comunidade.

Depois da reflexão sobre a passagem do Evangelho, **peça** que os catequizandos leiam o texto do livro e **faça** uma tempestade de ideias sobre a missão que os doze receberam de Jesus, perguntando: que aspectos chamam a atenção? O que parece mais difícil? E mais fácil? E o que é essencial? Qual a recompensa dos discípulos?

Peça aos catequizandos que observem a ilustração: qual parece ser a atitude dos apóstolos – orgulho, superioridade, medo, humildade, simplicidade, alegria; que atividades eles desempenharam – anúncio com palavras e com obras; que respostas encontraram nas pessoas – indiferença, aceitação, esperança, recusa.

Comente: Jesus diz que os doze não devem levar nada pelo caminho, usar sandálias e uma só túnica, ou seja, que o anúncio deve ser feito com humildade. Ele condena uma vaidade tola ou um orgulho vazio que os apóstolos poderiam ter ao realizar sua missão, porque é a força da mensagem e o testemunho que devem fazer as pessoas enxergar verdade em suas palavras. O anúncio do Reino era acompanhado de obras que expressavam a proximidade de Deus e sua solidariedade com a humanidade de tantas maneiras oprimida. Os apóstolos são, também, preparados por Jesus para lidar com a incredulidade do povo: quando não fossem ouvidos, deveriam partir para anunciar o Reino a outros dispostos a acolher a proposta.

Continue a leitura do texto, destacando a vontade de Jesus ao enviar os discípulos dois a dois: a comunhão que deve existir entre nós, o anúncio como tarefa da comunidade.

Para que os catequizandos respondam as questões propostas no livro, **faça** primeiramente uma partilha sobre o que pensam sobre elas. Alguns pontos interessantes para a conversa:

Não levar nada: Jesus exorta a viver o espírito evangélico de pobreza; os apóstolos foram enviados a anunciar o Reino com simplicidade, confiantes no Deus que tudo provê.

Andar de sandálias: as sandálias, os pés cheios de poeira das estradas percorridas lembram a figura dos peregrinos, que caminham livremente.

Sacudir a poeira dos pés: não se pode obrigar alguém a aceitar a mensagem do Evangelho; por isso, sacudir a poeira dos pés significa sair sem rancor das casas onde a Boa Nova não foi aceita, deixando de lado a desilusão e o cansaço por não ter alcançado o objetivo da missão para retomar o caminho com esperança.

Lembre que doenças e espíritos maus representam tudo o que se opõe ao Reino. Depois da leitura do texto, **forme** duplas para refletir sobre a questão apresentada, e **peça** que escrevam suas conclusões e as compartilhem com o grupo.

Convide os catequizandos para uma breve prece espontânea a partir do versículo: "Ele chamou os Doze..." (cf. Mc 6,7).

Leia o texto do livro do adolescente e ressalte que o compromisso cristão envolve acolhimento e respeito, em qualquer situação.

Explique que os refugiados fogem de situações de violência e opressão em seus países de origem, incertos se o mundo irá acolhê-los. **Motive** a leitura do texto sobre os refugiados sírios e, depois, **promova** uma discussão sobre as atitudes mencionadas.

Alguns comentários podem ser acrescentados:

» Quando entendemos que somos chamados por Jesus a assumir uma missão, entendemos que temos uma responsabilidade com o mundo; isso exige que pratiquemos o que Jesus nos ensinou com sua vida – o serviço aos mais necessitados, aos excluídos, aos descartados pela sociedade. Precisamos ter consciência de que a missão de Jesus se prolonga na nossa, com o mesmo poder para lhes oferecer uma vida nova.

» Ou assumimos nossa missão com radicalidade ou seremos cristãos do tipo mais ou menos, como aqueles que abandonam o caminho sem coragem de enfrentar desafios, que cedem às tentações ou que preferem não ter compromisso com Jesus se isso trouxer críticas ou afastar algumas pessoas. Essa radicalidade é muito mais do que entusiasmo, porque exige compromisso, fidelidade, despojamento de nós mesmos.

Destaque que como cristãos não podemos ficar acomodados e devemos dar respostas concretas às necessidades dos outros. **Questione** como os catequizandos se sentem diante do chamado de Jesus para agirmos ajudando o próximo. Depois, **oriente** para que respondam a pergunta em seus livros: *como você responde a esse chamado?*

Apresente o testemunho do Pe. Fábio de Melo ao confessar seu encontro com uma travesti, com quem tirou foto.

Sugere-se usar a matéria: <http://extra.globo.com/famosos/padre-fabio-de-melo-posa-com-travesti-relata-experiencia-surpreendente-um-tapa-na-cara-da-gente-18263583.html> Acesso em: 20 dez. 2015.

Caso deseje utilizar o vídeo, é preciso avançar para o minuto 7:06. Sugere-se interromper o vídeo no minuto 15:25.

Leia o texto do livro dos adolescentes e **converse** sobre a importância de não ceder ao medo ou à vergonha ao continuar a missão evangelizadora de Jesus Cristo.

Providencie revistas para recorte, tesouras, colas, canetinhas coloridas, papel sulfite e lápis de cor. **Organize** os adolescentes em grupos de até três integrantes e **oriente-os** a realizar a atividade descrita no livro: produzir um folheto apresentando o que é ser um cristão comprometido com os ensinamentos de Jesus nos dias de hoje.

Organize a sala de modo que os folhetos fiquem espalhados em um círculo. **Peça** aos adolescentes que, em silêncio, caminhem para observar as produções dos colegas e reflitam intimamente sobre a mensagem que elas transmitem. Depois, **pergunte** se algum deles deseja expressar como se sentiu.

Forme pequenos grupos e proponha a leitura do texto do livro. **Converse** com os grupos para mostrar que o seguimento de Jesus nem sempre é compreendido e aceito, mas somos desafiados a ter coerência em nossa vida: se Jesus é nosso modelo, procuramos seguir seus ensinamentos, ainda que isso traga algumas dores. Foi assim com Jesus, com os primeiros discípulos, será assim conosco e com todos os que fizerem a opção de mostrar que querem viver segundo a proposta de Jesus.

Pergunte: somos capazes de deixar de lado tantas exigências, assumir nosso discipulado e anunciar a Boa Nova do Evangelho onde estivermos? Ou preferimos ficar quietos em nosso lugar à espera de que tudo aconteça sem que tenhamos que participar?

Peça aos grupos que conversem sobre as questões propostas e depois compartilhem suas ideias, antes de escrever as respostas nos seus livros.

Recorde a imagem da trilha para explicar as dificuldades que encontramos ao vivenciarmos nossa missão e para apontar os sinais do amor de Deus presentes em nosso caminho.

A partir da leitura do texto, **explique** o sentido das palavras de Jesus: "...no mundo tereis aflições. Mas tende coragem! Eu venci o mundo!" (Jo 16,33).

Peça que os catequizandos leiam o texto em seus livros e **apresente** o vídeo *Deus procura corações disponíveis*.

Disponível em: <https://www.youtube.com/watch?v=rYvKLuiDhlw> Acesso em: 20 nov. 2015.

Sugestões de ideias que podem ser discutidas com os catequizandos:

» Missão é mostrar uma postura diferente que nasce da experiência de sentir o amor de Deus.

» Deus não escolhe pessoas perfeitas, mas pessoas comuns, como nós, com nossas características positivas e negativas, porque Ele quer corações disponíveis.

» Somos chamados a anunciar Jesus onde é mais preciso, a começar pelos lugares mais perto de nós – nossa casa, nossa comunidade.

» Jesus poderia fazer tudo sozinho, mas quis contar com amigos para continuar sua missão.

» Jesus quer a nossa colaboração do jeito como somos, imperfeitos, preocupados.

» Deus está conosco, não estamos sozinhos.

» Nossa fé precisa ser exercitada para ser mais verdadeira, mais madura.

» Quem faz a experiência do amor de Deus tem vontade de fazer Jesus conhecido por todos, anunciando seu Evangelho com coragem, ousadia, entusiasmo.

Peça aos catequizandos que leiam outra vez o texto do evangelista Marcos, em silêncio, procurando ouvir o que Jesus diz a cada um. Depois da leitura e de uma reflexão pessoal, **motive-os** a responder às questões sugeridas no livro. **Convide** os catequizandos a compartilhar suas respostas.

Senhor, escuta a minha voz!

Diga aos catequizandos que, em um instante de silêncio, conversem com Jesus expressando como se sentem diante das dificuldades para viver a fé.

Convide para que juntos façam a oração proposta no livro. Ao final da oração, **escolha** uma música para encerrar o momento de oração – sugere-se *Alma Missionária*[8] (Ziza Fernandes) ou *Nossa Missão*[9] (Adriana Arydes).

CRISTÃO de Prática

Com a leitura do texto do livro, **explique** que, terminada essa etapa da caminhada na catequese, todos são chamados a assumir sua vocação cristã, de diversas maneiras. **Lembre** que ser missionário é anunciar Jesus com palavras e ações e que não devemos temer assumir nossa missão, porque o próprio Jesus prometeu que estaria conosco em todos os momentos e, se Ele está conosco, estamos bem.

Ajude os catequizandos a identificar como podem assumir esse chamado, onde podem ser missionários: na família, entre os amigos mais próximos, em conversas com adultos conhecidos, ou visitando outras famílias e instituições. Se for mais adequado, o grupo pode preparar-se e programar visitas a algumas instituições. O objetivo é anunciar Jesus, com convicção, alegria e entusiasmo.

---

[8]   *Alma missionária*. Disponível em: < https://www.youtube.com/watch?v=hA1ItgvILEU> Acesso em: 20 nov. 2015.

[9]   *Nossa missão*. Disponível em: < https://www.youtube.com/watch?v=0I3p6DEnHfA> Acesso em: 20 nov.2015.

Celebrar faz parte da fé!

Importância das Celebrações no Itinerário Catequético

Se ser cristão é estabelecer uma relação íntima com Cristo, a celebração é indispensável para estabelecer e manter viva tal relação. Celebrar faz parte da fé!

As celebrações são momentos de chegada, para os quais os encontros que as antecedem preparam, e também momentos de partida, a partir dos quais a experiência de fé torna-se mais viva em cada catequizando e o ajuda a aprofundar o conhecimento do mistério de Jesus Cristo.

As celebrações não estão desenvolvidas nem inseridas na sequência dos encontros propostos para a catequese de perseverança com adolesentes, pois são sugestões que devem ser realizadas em cada grupo. Cabe ao catequista perceber o melhor momento para celebrar, envolvendo os catequizandos em todos os passos, já desde a preparação.

COMO CELEBRAR?

São propostos alguns temas para as celebrações, com textos bíblicos de fácil entendimento pelos adolescentes. É interessante explorar diferentes formas de celebrar, para despertar a vontade de estar diante de Jesus, ouvindo-o e deixando seu coração falar. Sugere-se que sejam realizadas celebrações da Palavra e Leitura Orante da Palavra, e também um Dia de Deserto. Em todas as situações, para facilitar a realização das celebrações, o próprio catequista pode conduzi-las, preparando-se para isso com antecedência.

Para a Leitura Orante da Palavra podem ser realizados os passos já conhecidos pelo catequista e apresentados em volumes anteriores dessa coleção[10]. Para a Celebração da Palavra propõe-se seguir o roteiro apresentado pelo RICA: canto inicial, leitura e salmo responsorial, reflexão e explicação, bênção dos catequizandos[11].

---

[10] Peruzzo, J.A.,Dom. Passos para a Leitura Orante da Palavra. In: *Crescer em Comunhão. Catequese Eucarística.* Vol. 3. Petrópolis: Vozes, 2014. p.11-14.

[11] Sagrada Congregação para o Culto Divino. *Ritual da Iniciação Cristã de Adultos*. São Paulo: Paulinas. 2003. p.84.

Para o Dia do Deserto sugere-se mesclar momentos de silêncio e de partilha, de meditação individual (deserto) e de descontração, celebrações, experiências simbólicas e contemplativas, e cantos, tudo isso centrado na Palavra de Deus. Sugere-se ainda, oferecer breves reflexões que possam ajudar a concretizar o tema e os propósitos na vida dos adolescentes.

As celebrações precisam garantir espaço para interiorização, agradecimento e louvor. Para isso, é importante o uso de símbolos, refrãos e cantos que auxiliem o catequizando a experimentar e deixar-se tocar por Jesus Cristo.

SUGESTÕES DE CELEBRAÇÕES

1. **Jo 2,1-9** – O mandamento de Maria
   Tema: "Fazei tudo o que Ele vos disser".

2. **Lc 9,1-6** – Aprender a humildade (sugestão para um Dia de Deserto)
   Tema: "Não leveis nada pelo caminho".

3. **Mt 6,1-4** – A alegria de Deus
   Tema: "Teu Pai, que vê no escondido, te dará a recompensa".

4. **Mc 1,29-39** – Ir à procura de Jesus para mergulhar no coração do Pai
   Tema: "Todos te procuram".

5. **Lc 6,27-36** – Fazer diferente
   Tema: "Amai os vossos inimigos e fazei o bem".

6. **Lc 11,5-13** – A insistência que nasce da confiança
   Tema: "Procurai e encontrareis".

7. **Mt 14,22-33** – Uma lição de fé
   Tema: "Coragem! Sou eu".

Referências

Catecismo da Igreja Católica (CIC). Petrópolis: Vozes, 1993.

CELAM. *Documento de Aparecida*. Brasília: CNBB, 2007.

_____. *Documento de Puebla*. Brasília: CNBB, 1979.

CNBB. *Catequese Renovada: orientações e conteúdo*. São Paulo: Paulinas,1983 [Documento n. 26].

_____. *Diretório nacional de catequese*. Brasília: CNBB, 2006.

_____. *Guia Litúrgico-Pastoral*. 2. ed. Brasília: CNBB, (s.d).

Compêndio do Concilio Vaticano II: Constituições, decretos e declarações. 29. ed. Petrópolis: Vozes, 2000.

JOÃO PAULO II. *Exortação apostólica pós-sinodal Catechesi Tradendae* [s.l]: [s.e.], 1979.

KONINGS, J. *Ser cristão: fé e prática*. Petrópolis: Vozes, 2004.

FRANCISCO, Papa. *Carta Encíclica LAUDATO SI' do Santo Padre Francisco* sobre o cuidado da Casa Comum. Disponível em: <http://w2.vatican.va/content/francesco/pt/encyclicals/documents/papa-francesco_20150524_enciclica-laudato-si.html> Acesso em: 10 dez. 2015.

PERUZZO, J.A.,Dom. Passos para a Leitura Orante da Palavra. In: *Crescer em Comunhão. Catequese Eucarística*. Vol. 3. Petrópolis: Vozes, 2014.

SAGRADA CONGREGAÇÃO PARA O CULTO DIVINO. Ritual da Iniciação Cristã de Adultos.

SAINT-EXUPÉRY, A. *O Pequeno Príncipe*. Agir: Rio de Janeiro, 1988.

SAGRADA CONGREGAÇÃO PARA O CULTO DIVINO. *Ritual da Iniciação Cristã de Adultos*. São Paulo: Paulinas, 2003.

Sites

http://www.catequesehoje.org.br

http://www.catequista.com.br

http://liturgiadiaria.cnbb.org.br

http://liturgia.cancaonova.com

http://www.dehonianos.org

Conecte-se conosco:

 facebook.com/editoravozes

 @editoravozes

 @editora_vozes

 youtube.com/editoravozes

 +55 24 2233-9033

www.vozes.com.br

Conheça nossas lojas:
www.livrariavozes.com.br

Belo Horizonte – Brasília – Campinas – Cuiabá – Curitiba
Fortaleza – Juiz de Fora – Petrópolis – Recife – São Paulo

EDITORA VOZES LTDA.
Rua Frei Luís, 100 – Centro – Cep 25689-900 – Petrópolis, RJ
Tel.: (24) 2233-9000 – E-mail: vendas@vozes.com.br